AF235343

Namibia

lieben lernen

Der perfekte Reiseführer für einen unvergesslichen Aufenthalt in Namibia inkl. Insider-Tipps, Tipps zum Geldsparen und Packliste

Christina Huber

✈ INHALT

Ein Abschied – aber nicht für immer 88

Das erwartet Sie in diesem Buch

Lassen Sie sich verzaubern auf einer Reise durch ein wundervolles, unberührtes Land. Namibia bietet endlose Weite, Stille, Entspannung, aber auch aufregende Begegnungen mit den unterschiedlichsten Tieren und Menschen. Eine Entdeckungstour hier ist unglaublich abwechslungsreich und für jegliche Reisevorlieben geeignet: Ob Camping fernab von der Zivilisation oder Lodges mit oft sogar deutschsprachigen Betreibern. Wenn Sie aktiv unterwegs sein wollen, machen Sie eine

Fahrradtour durch Katutura, wandern Sie auf zahlreichen Bergen oder durch Schluchten, rauschen Sie mit der Zip Line an der Fingerklippe vorbei und unternehmen Sie Ausritte in die Natur. Wenn Sie lieber die Kultur in den Vordergrund stellen wollen, nehmen Sie an einer geführten Stadtrundfahrt durch Windhoek und Katutura teil, besuchen Sie das Museum in Swakopmund oder eines der zahlreichen Living Museen des Landes und lernen Sie, wie Felsmalereien in den Bergen zu deuten sind.

Unsere Reise durch Namibia startet in Windhoek. Von hier aus fahren wir in den Norden, vorbei am Waterberg Plateau in den Caprivi-Streifen. Wir besuchen die Viktoriafälle in Zimbabwe, die von der UNESCO als Weltnaturerbe erklärt wurden. Im Etosha-Nationalpark gehen wir auf die Suche nach den „Big Five" (Löwe, Leopard, Nashorn, Büffel und Elefant) und vielen anderen Tieren und schauen abends am beleuchteten Wasserloch den Hyänen beim Trinken zu. Wir bestaunen die Felsgravuren in Tweyfelfontein und die „White Lady" am Brandberg. An der Spitzkoppe klettern wir und fahren weiter an die Küste nach Swakopmund, auch „Little Germany" genannt. In Walvis Bay statten wir Flamingos,

Pelikanen und großen Kolonien von Seehunden einen Besuch ab, fahren zum Sandwich Harbour und mit dem Quad durch die Dünen. Von der Wüste geht es ein Stück ins Landesinnere, in den Naukluft Mountain Zebra Park, einem beliebten Ort zum Wandern, bevor wir nach Sesriem und ins Sossusvlei aufbrechen und den Sonnenaufgang und -untergang in den Dünen bestaunen. Zuletzt geht es über den Spreetshoogte-Pass zurück nach Windhoek.

Über Land und Leute

DIE GESCHICHTE DES LANDES

Namibia erlangte seine Unabhängigkeit erst vor rund 30 Jahren – am 21. März 1990. Und an vielen Stellen kann man noch deutlich den Einfluss der Deutschen erkennen. Doch wie kam es zu alldem?

Das heutige Namibia wurde von Europäern bereits im Jahr 1486 erstmals betreten. Die Portugiesen landeten in Cape Cross, heute nördlich von Swakopmund, und ein Jahr später im heutigen Lüderitz. Von ihnen errichtete Kreuze sollten symbolisieren, dass der Besitzanspruch nun bei der portugiesischen Krone lag. Sie hielten die Stellen jedoch für eine Besiedlung ungeeignet und so betrat längere Zeit niemand mehr das raue Land. Erst 1723 kamen erneut Europäer in den Süden Afrikas – diesmal Holländer, die am Kap der Guten Hoffnung im heutigen Südafrika anlegten. Sie gelangten auf ihrer Suche nach Bodenschätzen bis zum Orange River, der heute die Südgrenze Namibias zu Südafrika markiert. Durch ihre sich immer weiter ausdehnende Besiedlung veranlassten sie die Afrikaans sprechenden Orlam-Nama dazu, in den Norden abzuwandern. Sie zogen bis ins heutige Namibia und ließen sich dort im Landesinneren nieder.

Die ersten Deutschen, die kamen, waren Missionare der Rheinischen Missionsgesellschaft. Ihr Ziel war es, die heidnischen Völker zu christianisieren. Außerdem wollten sie Frieden zwischen den sich bekriegenden Nama und Herero stiften. Die Nama verbündeten sich mit den Orlam-Nama und nahmen gemeinsam die Schrift der Missionare an, während sie dadurch die Herero wieder zurück in den Norden verdrängten.

Die wirtschaftliche Ausbeutung des Landes begann 1844. Im Hafen der heutigen Lüderitzbucht legten im August des Jahres ca. 300 Schiffe an. Sie sollten den, auf den Vogelinseln aus Exkrementen von Seevögeln bestehenden, Guano als Dünger nach Deutschland verkaufen.

Die Streitigkeiten um die Kolonialherrschaft wurden schließlich durch die Briten eingeleitet, als diese 1878 den Hafen Walvis Bay annektierten. Im Mai 1883 wurde im Hafen vom Lüderitz durch Heinrich Vogelsang die deutsche Flagge gehisst. Der Kaufmann und Auftraggeber dafür, Adolf Lüderitz, reiste kurze Zeit später in den Hafen und gab der Stadt seinen Namen. Zuvor hatten sie die Gebiete um die Landungsbrücke und große Bereiche im Hinterland vom Nama-Häuptling Joseph Fredericks zu einem Spottpreis „gekauft". Bismarck, der zunächst kein Interesse an Kolonien gezeigt hatte und das Gebiet nicht unter den Schutz der deutschen Flagge stellen wollte, erklärte Lüderitz schließlich im August 1884 doch zum deutschen Protektorat. In den darauffolgenden Jahren wurden die Nord-, Süd- und Ost-Grenzen festgelegt und das deutsche Gebiet durch den Caprivi-Streifen an den Sambesi angeschlossen.

Da die Streitigkeiten zwischen den Herero, die

ihrerseits einen Schutzvertrag mit den Deutschen geschlossen hatten, und den Nama nicht endeten, stationierten die Deutschen Schutztruppen an verschiedenen Stellen des Landes. Währenddessen suchten Krankheiten die junge Kolonie heim. Die Rinderpest vernichtete so viele Rinder, dass 1897 der Bau der Bahnlinie zwischen Windhoek und Swakopmund begonnen wurde. Sie sollte die fehlenden Ochsenkarren ersetzen und zum Transport von Gütern dienen. Fertiggestellt wurde sie jedoch erst 1902. Die Menschen erkrankten vor allem an Typhus und Malaria. Nach diesen Epidemien stieg die Zahl der Siedler trotzdem schnell an. Waren 1896 nur 2000 Siedler im Land, so waren es 1903 schon 4700. Auch eine Untersee-Telegraphenleitung wurde gebaut und verband nun Swakopmund mit Deutschland.

Der Major Leutwein, der inzwischen seit zehn Jahren im Amt war, berichtete in Deutschland, dass sich die Herero angepasst hätten und kein Kampf nötig wäre. Die deutschen Siedler jedoch behandelten diese nicht gerade freundlich. Prügelstrafen, Vergewaltigungen und Mord waren nicht selten. Deshalb beschloss der Herero-Häuptling Maherero im Jahr

1904 zurückzuschlagen. Mit einem Brief ersuchte er Hilfe von seinem früheren Feind Witbooi, der ihn aber nicht unterstützen wollte. Er ging sogar noch weiter und lieferte den Brief an die Deutschen aus. Maherero ließ sich davon nicht abschrecken, kappte die Telegraphenleitung und überfiel mit seinen Kriegern die Farmen der Deutschen. Dabei töteten sie nur die Männer, während Frauen und Kinder verschont blieben. Sie richteten nicht unerheblichen Schaden an, der Aufstand wurde jedoch von aus Deutschland eingereisten Schutztruppen, die Sturmgewehre mitbrachten, niedergeschlagen. Viele Siedler töteten auch ihrerseits die Herero, unabhängig davon, ob diese an Mahereros Aufstand beteiligt waren oder nicht. Leutwein muss 1904 seinen Posten an Lothar von Trotha abgeben, der den Herero befahl, das deutsche Gebiet zu verlassen. Kämen sie der Forderung nicht nach, würde er sie töten. Von den 80 000 Herero überlebten die Schlacht am Waterberg nur etwa 15 000.

1905 begann der ein Jahr dauernde Guerillakrieg, zu dem Witbooi aufrief. Er war zu diesem Zeitpunkt schon 80 Jahre alt und starb wenig später bei einem Überfall auf einen Versorgungswagen der

Deutschen. Die Nama verloren etwa 10 000, und damit die Hälfte, ihrer Leute.

In den folgenden Jahren wurde allen Einheimischen das Recht auf Land- und Viehbesitz genommen. Die Deutschen hörten auf, wahllos Leute zu töten, da sie merkten, dass dadurch auch die günstigen Arbeitskräfte verloren gingen. Damit begann die Apartheidpolitik in Deutsch-Südwestafrika. Die abgelegenen Stämme, die sich nicht an den Aufständen beteiligt hatten, wurden weiterhin in Ruhe gelassen.

1908 wurde durch den Bahnarbeiter Zacharias Lewala in der Nähe von Lüderitz der erste Diamant gefunden. Er brachte ihn seinem Chef August Strauch, der daraufhin die Schürfrechte für das Gebiet erwarb. Damit begann der Diamantenrausch in Südwestafrika. Die Region südlich von Lüderitz wurde zum Diamanten-Sperrgebiet und die Schürfrechte gingen an die „Deutsche Diamanten-Gesellschaft". Das Glück hielt jedoch nicht lange an.

Mit Beginn des Ersten Weltkrieges 1914 in Deutschland endete auch der Frieden im Süden Afrikas. Truppen aus Südafrika marschierten unter der Führung von General Louis in Deutsch-Südwestafrika ein und waren den 2000 deutschen

Schutztrupplern deutlich überlegen. Sie besetzten zuerst Swakopmund und schnitten damit die Versorgung aus Deutschland ab. Am 11. Mai 1915 fiel schließlich auch Windhoek und knapp zwei Monate später kapitulierte die deutsche Schutztruppe. Die meisten Deutschen wurden daraufhin interniert. Obwohl die deutsche Herrschaft damit beendet war und insgesamt nur 31 Jahre dauerte, werden Sie auf Ihrer Reise heute noch viele Überbleibsel aus dieser Zeit finden, sei es die Architektur, deutschsprechende Namibianer oder deutsche Straßennamen. Der Waffenstillstand 1918 veranlasste viele, zurück in ihr Heimatland zu gehen. Mit dem Vertrag von Versailles verlor Deutschland schließlich alle Kolonien.

1920 wird Deutsch-Südwestafrika dann zum Mandatsgebiet Südafrikas. Diese gaben es, entgegen aller Hoffnung der Einheimischen, nicht an sie zurück, sondern schrieben es komplett Südafrika zu. Auch sie betrachteten es eher als eine Art Kolonie, was sich in der Politik und dem Verhalten, das stark an das der Deutschen erinnerte, äußerte. Die Rehobot Baster, die unter deutscher Regierung ihre Autonomie behalten durften, forderten diese auch von

Südafrika ein. Die Antwort darauf waren Verhaftungen und sie mussten sich gänzlich der südafrikanischen Politik unterordnen.

Zu Beginn des Zweiten Weltkrieges wurden von den 10 000 Deutschen, die zu dieser Zeit noch in Südwestafrika lebten, 12 % in Südafrika interniert.

Buchtipp: „Wenn es Krieg gibt, gehen wir in die Wüste", von Henno Martin. Es handelt von zwei deutschen Geologen, Henno Martin und Hermann Korn, die 1935 nach Südwestafrika kommen, um im Naukluftgebirge für die Farmer Wasser zu suchen. Als der Krieg in Deutschland ausbricht, fliehen sie in die Wüste, um einer Internierung zu entgehen. Diesen nackten Kampf ums Überleben im Kuiseb River Canyon und die Gedanken über die Gesellschaft, die die beiden bewegt haben, beschreibt Martin Jahre später in seinem Buch.

Die 1946 gestellte Forderung, Südwestafrika als fünfte Provinz Südafrikas zu zählen, lehnte die UNO ab. Daraufhin wurden 1951 die Apartheidsgesetze, die in Südafrika schon galten, auch auf Südwestafrika übertragen.

Der Wunsch nach Unabhängigkeit wird in den 50er Jahren immer größer und es bilden sich die ersten Widerstandsgruppen. Sam Nujoma, der später der erste Präsident von Namibia werden wird, gründet im Norden die Ovamboland People's Organisation (OPO) und organisiert Demonstrationen und Streiks gegen die Apartheidsgesetze. 1959 schlägt die südafrikanische Polizei eine von Frauen angeführte friedliche Demonstration nieder, es kommen 13 Menschen zu Tode und über 50 werden verletzt. Ein Jahr später weitet Nujoma seine Organisation aus und benennt sie in SWAPO (South West African People's Organization) um. Er muss mit anderen Anhängern ins Exil und es wird klar, dass die Unabhängigkeit nicht mit friedlichen Mitteln erreicht werden kann. Da in Südwestafrika nicht weiter geplant werden kann, verlegt die SWAPO ihre Besprechungen und den Hauptsitz ins tansanische Daressalam.

1964 wird Südafrika das Verwaltungsmandat für Südwestafrika entzogen. Die UNO sah sich dazu gezwungen, da die Regierung nach südafrikanischem Muster Homelands für die „farbigen Bevölkerungsgruppen" einrichtete, um so eine schärfere Grenze zur „weißen Bevölkerung" zu schaffen. Sie forderte, dass sich Südafrika aus dem Land zurückzieht und die Verwaltung der ihnen überlassen soll. Südafrika kam dieser Forderung jedoch nicht nach und verhaftete viele SWAPO-Anhänger oder schickte sie ins Exil. Am 26. August 1966 gab es in Omgulumubashe blutige Auseinandersetzungen, bei der sich die Aufständischen und die Sicherheitskräfte gegenüberstanden. Heute ist dieser Tag, der auch Namibias Day genannt wird, Nationalfeiertag.

Die SWAPO begann im Ovamboland mit Kämpfen gegen die Polizei und die Regierung. 1968 beschloss die UNO, dass Südwestafrika von nun an Namibia heißt. Außerdem wiederholten sie ihre Forderungen an Südafrika, sich endlich aus dem Land zurückzuziehen. Diese stießen bei der Regierung jedoch weiterhin auf taube Ohren. Im Gegenteil, sie verschärften die Maßnahmen zunehmend. Streikführer wurden verhaftet, den Kavangos und Ovambos eine Selbstverwaltung auferlegt, der durch die SWAPO motivierte Wahlboykott führte zu Verhaftungen und Gewaltakten. Trotz alledem wurde die Zahl der SWAPO-Anhänger immer größer, zugleich aber auch die Zahl der südafrikanischen Truppen. 1973 erkennt die UNO die SWAPO als "authentische

Repräsentation des Namibischen Volkes" an. Die Freiheitskämpfer zogen sich immer weiter nach Angola zurück. 1975 endete hier die portugiesische Herrschaft. Südafrika wollte nun in Angola gegen die Freiheitskämpfer vorgehen, doch diese haben Angola auf ihrer Seite und so zog sich Südafrika schnell wieder zurück. Im gleichen Jahr versammelte sich ein Gremium in der Turnhalle in Windhoek. Dieses war von Südafrika autorisiert und sollte eine Verfassung ausarbeiten. Die 1978 stattfindenden Wahlen scheiterten jedoch. Und auch die 1981 abgehaltenen Verhandlungen zwischen UNO, Südafrika, der SWAPO und einer Kontaktgruppe, der auch Deutschland angehörte, führten zu keinem Ergebnis.

Die sowohl in Angola als auch in Namibia ausgetragenen Kämpfe hielten weiter an. In Cuito Cuanavale in Angola mussten die südafrikanischen Truppen mit einer Niederlage zurechtkommen. Angola erklärte 1988, dass sich die kubanischen Truppen erst zurückziehen, wenn die Unabhängigkeit in Namibia endlich umgesetzt wird. 1998 fanden die ersten Wahlen statt und Sam Nujoma wird zum ersten Präsidenten von Namibia gewählt. Am 21. März 1990 wird offiziell die Unabhängigkeit erklärt und eine demokratische Verfassung festgelegt. 1993 wird der Namibische Dollar als eigene Währung eingeführt. Walvis Bay, das zu dieser Zeit immer noch zu Südafrika gehörte, ging 1994 an Namibia über. Damit hatte das Land einen bedeutenden Hafen gewonnen. Im gleichen Jahr fanden Wahlen statt, die SWAPO bekam erneut die Mehrheit und Sam Nujoma blieb, durch darauffolgende Wahlen ebenfalls bestätigt, bis 2005 im Amt. Im gleichen Jahr, und erneut 2009, wird Hifikepunye Lucas Pohamba zum Präsidenten gewählt. Seit 2015 ist nun Hage Geingob der dritte Präsident Namibias.

LANDSCHAFT, FLORA UND FAUNA

Namibia wird von den unterschiedlichsten Landschaftstypen geprägt, die sich von Westen nach Osten verändern.

Die **Namib Wüste** im Westen des Landes grenzt an den Atlantik. Sie ist 1500 km lang und zieht sich zwischen 50 und 140 km weit ins Landesinnere. Sind im Norden und Süden eher Geröllwüsten zu finden, so ist der mittlere Teil des Gebiets von feinsandigen Dünen überzogen. Da im Jahr nur 20 mm Regen fallen, gilt sie als die trockenste Wüste der Welt. Unfassbar, wie hier trotzdem Tiere und Vegetation überleben können! Dies liegt allein am Nebel, der einen hohen Feuchtigkeitsgehalt hat und rund 100 Tage über der Wüste liegt. Ausschließlich in der Namib vorkommend ist die Welwitschia-Pflanze, die bis zu 2000 Jahre alt werden kann und nur aus zwei Blättern besteht.

Außerdem blühen hier viele Zwergsukkulenten und andere Pflanzenarten. Die häufigste Pflanze, die Sie in der Namib Wüste antreffen können, ist die Nara-Pflanze. Durch ihre verzweigten Äste sammelt sich Sand auf ihr und es bilden sich die Dünen. Der Großteil der Pflanze bleibt unter dem Sand versteckt. Ihre Wurzeln reichen bis zu 40 m tief in die Erde und erreichen damit das Grundwasser. Ihre Früchte sind wasserhaltig und werden deswegen von Tieren gerne gefressen. In der Namib leben vor allem Antilopen, meist Kudus oder Springböcke, aber auch Strauße und viele Kleinsäuger. Zebras und Giraffen, die durch die Jagd ausgerottet waren, werden zum Teil wieder angesiedelt.

Die Namib und das **Zentralplateau** werden durch die Große Randstufe voneinander getrennt.

Hierzu zählt in der Mitte des Landes das Khomas-Hochland und die Naukluftberge. Die höchste Erhebung Namibias, der Brandberg mit seinen 2579 m, steht außerhalb der Großen Randstufe. Das Binnenhochland ist zwischen 1000 und 2000 m hoch, Windhoek beispielsweise liegt auf einer Höhe von 1700 m. Im tiefen Süden prägt der Fish River Canyon das Landschaftsbild. Er ist mit einer Tiefe zwischen 457 und 549 m und einer Breite von bis zu 27 km der größte Canyon Afrikas und nach dem Grand Canyon der zweitgrößte der Welt.

Von den vielen Baumarten, die es in Namibia gibt, sind einige besonders hervorzuheben. Der Kameldornbaum kommt im ganzen Land vor, blüht gelb und hat eine schirmartige Krone. Die Samenschoten des Ana-Baumes, der hauptsächlich in den Trockenflussbetten wächst, stellen eine wichtige Nahrungsquelle für Tiere dar. Beide Bäume gehören botanisch gesehen zu den Akazien. Typisch für den Baumbestand im Norden sind Feigen- und Affenbrotbäume und Makalanipalmen. Im Süden stehen die oft auf Fotos zu sehenden Köcherbäume, die zu den Aloen gehören und damit eigentlich keine Bäume sind. Sie werden bis zu neun Meter hoch und ihr Stamm ist an der Basis oft mehr als einen Meter dick. Besonders viele der „Bäume" stehen im Köcherbaumwald nördlich von Keetsmanshop. Die Tierwelt besteht hier in den Bergen vorwiegend aus Leoparden. Die außerdem hier lebenden Springböcke, Klippspringer und Paviane dienen diesen als Nahrungsquelle.

Die **Kalahari** geht aus dem nach Osten abflachenden Hochplateau hervor, liegt aber immer noch auf 1000 - 1200 m ü. N. N. Typisch für die Dornstrauchsavanne ist der rote Sand. Da sie im Landesinneren liegt, fallen hier deutlich höhere Niederschlagsmengen, wodurch sie vegetationsreicher als die Namib ist. Die Savanne bedeckt generell etwa 60 % des Landes. Ihr Bild ist im Norden von Mopanebäumen und -sträuchern geprägt, im Osten von Kameldornbäumen und im Süden von Zwergsträuchern. Als vorherrschende Tierart lässt sich hier die Oryxantilope finden.

Der Nordosten von Namibia, der Caprivi-Streifen und die Okavango-Region sind das komplette Gegenteil zur restlichen eher tristen Landschaft. Durch die ständig wasserführenden Flüsse herrscht hier ein **Feuchtsavannenklima**. Regen fällt reichlich und so ist auch die Vegetation sehr dicht. Der Caprivi-Streifen hat nur eine Breite von 50 km, jedoch eine Länge von 450 km. Da die Region stark besiedelt ist, gibt es abseits der Nationalparks nicht mehr viele freilebende Tiere. Unter anderem sind hier aber große Elefantenherden im Bwabwata Nationalpark zu finden.

Generell ist die **Artenvielfalt** in Namibia, gerade auch durch die unterschiedlichsten Landschaftstypen, sehr groß. Die Big Five lassen sich auf einer Safari in den verschiedensten Nationalparks finden. Zu ihnen zählen: der Elefant, das Nashorn, der Büffel, der Löwe und der Leopard. Sie waren früher die fünf am schwierigsten zu jagenden Tiere.

Buchtipp: Wenn Sie sich für die unterschiedlichen Tierarten interessieren und bei einer Diashow der Urlaubsbilder glänzen wollen, bietet sich ein Safari-Guide an. Das „Handbuch der Säugetiere des südlichen Afrikas" von Burger Cillié bietet einen sehr guten bebilderten Überblick über die in Namibia lebenden Tiere. Für Vogelarten, die auch sehr zahlreich sind, gibt es ebenfalls Bücher („Ein Taschenführer für Vögel im südlichen Afrika", von Ulrich Oberprieler und Burger Cillié).

Was Sie für Ihre Reise wissen sollten …

VORBEREITUNGEN

Für die Einreise benötigen Sie einen **Reisepass**, der noch mindestens sechs Monate nach geplantem Ausreisedatum gültig ist und mindestens zwei freie Seiten für die Visastempel hat.

Spezielle **Impfungen** sind nicht vorgeschrieben. Reisen Sie jedoch aus einem Gelbfieberendemiegebiet ein (aktuelle Länderliste auf www.tropeninstitut.de), ist eine Gelbfieber-Impfung vorgeschrieben.

Buchen Sie einen Flug mit Ethiopian Airlines, sollten Sie sich auch vorsichtshalber gegen Gelbfieber impfen lassen. Ein Transit von unter drei Stunden am Flughafen in Addis Abeba gilt zwar noch nicht als Aufenthalt in einem Endemiegebiet, hat der Anschlussflug jedoch Verspätung und Sie müssen länger bleiben, könnte es ohne gültige Impfung bei der Einreise nach Namibia Schwierigkeiten geben.

Das Auswärtige Amt empfiehlt Impfungen gegen Hepatitis A. Bei einem Langzeitaufenthalt oder besonderer Exposition sollten Sie auch über Impfungen gegen Tollwut, Hepatitis B, Typhus und die Meningokokken-Krankheit (ACWY) nachdenken. Machen Sie hierfür frühzeitig, wenn möglich mindestens vier Monate vorher, einen Termin bei Ihrem Arzt oder einem Reisemediziner, der Sie zu den möglichen und sinnvollen Impfungen berät. Gleichzeitig kann er auch überprüfen, ob die Standardimpfungen nach den Empfehlungen des Robert-Koch-Institutes bei Ihnen aktuell sind.

Wenn Sie in den Caprivi-Streifen wollen, sollten Sie unbedingt mit Ihrem Arzt über eine **Malaria-Prophylaxe** sprechen. Malaria ist eine Erkrankung, die durch Plasmodien verursacht wird. Diese einzelligen Blutparasiten werden durch den Stich infizierter Anopheles-Mücken übertragen. Ein typisches Symptom sind Fieberschübe, teilweise rhythmisch auftretend, die eine Woche nach Infektion, aber auch erst Wochen bis Monate danach auftreten können. Weitere Krankheitsanzeichen sind grippeähnliche Symptome wie Schüttelfrost, starke Kopf- und Gliederschmerzen und Schweißausbrüche. Unbehandelt verläuft die Krankheit oft tödlich, sie ist aber bei Erkennen sehr gut behandelbar. Zum Schutz vor einem Stich sollten Sie helle, lange, locker sitzende Kleidung tragen, ein Mücken-Repellent benutzen und eventuell ein zusätzliches Moskitonetz zum über das Zelt legen mitnehmen.

Info: Bei den Mücken-Repellents ist es wichtig, dass sie den Wirkstoff DEET enthalten. Dieser schützt besonders gut vor Mücken. Sie können zum Beispiel Autan aus Deutschland mitbringen oder vor Ort im Supermarkt oder der Apotheke das günstigere Peaceful Sleep kaufen. Beide sind gleich gut wirksam.

Bei einem **Campingurlaub** sollten Sie sich überlegen, ob Sie alle Utensilien mitbringen wollen. Dies ist oft notwendig, wenn Sie ein „normales" Auto leihen wollen. Buchen Sie einen Geländewagen mit Dachzelt, gibt es bei den Veranstaltern oft voll ausgestattete Autos. Das bedeutet, dass auch Schlafsäcke, Gaskocher, Geschirr und sogar ein Tisch und Stühle zur Verfügung gestellt werden.

Die **Währung** ist der Namibische Dollar (N$). 1 € sind aktuell 18 N$ (Stand März 2020). Geld schon in Deutschland umzutauschen ist in der Regel nicht nötig. Meistens kommen die Banken nur schwierig an N$ und der Umtausch ist teuer. Auch das Umtauschen von Euro am Flughafen ist mit einem schlechten Wechselkurs verbunden. Am einfachsten geht es mit einer Kreditkarte. Damit kann am Geldautomaten (ATM) Geld abgehoben werden. Hier am besten vor der Reise überprüfen, was das Abheben mit der Kreditkarte kostet.

Tipp: Bei der DKB (Deutschen Kreditbank) gibt es ein kostenloses Girokonto mit Kreditkarte, womit man im ersten Jahr kostenlos im Ausland Geld abheben kann. Da es an fast jedem Supermarkt und jeder Tankstelle Geldautomaten gibt, ist dies die einfachste Möglichkeit, um vor Ort an Geld zu kommen.

EINREISEN

Deutsche Staatsbürger bekommen am Flughafen ein **visitors entry permit**, das bis zu 90 Tage gültig ist. Besteht keine Absicht zu arbeiten, muss also kein Visum im Vorhinein beantragt werden. Anträge für das permit liegen am Flughafen aus oder werden im Flugzeug verteilt. Wichtig ist, dass Sie die Adresse der ersten Unterkunft nennen.

Tipp: Unbedingt direkt überprüfen, ob das auf dem Visum eingetragene Datum mit Ihrem Rückflugdatum übereinstimmt. So genau sind die Beamten manchmal nicht und die Verlängerung im Nachhinein ist teuer und bringt unnötigen Stress.

Der internationale Flughafen, **Hosea Kotako**

International Airport, liegt 42 km östlich von Windhoek. Es gibt Shuttle Busse, die nach Windhoek fahren, zum Beispiel CityCAB (www.windhoekairportshuttle.com). Es bietet sich aber auch an, einen Mietwagen direkt am Flughafen abzuholen und von dort die Reise zu starten. Diesen am besten schon von zu Hause buchen und auf eine gute Versicherung achten. Je nachdem, wo man unterwegs sein will, sollten Unterbodenschäden und Steinschlagschäden unbedingt versichert sein. SunnyCars hat da sehr gute Konditionen.

VOR ORT

Ist man länger als zwei Wochen vor Ort oder fährt ausschließlich auf Campsites (Lodges haben meist WLAN), sollte man darüber nachdenken, sich eine **Prepaid Simkarte** zu kaufen. Entweder direkt am Flughafen oder in einem MTC-Shop (namibischer Mobilfunkanbieter: Mobile Telecommunications Limited) in zum Beispiel Windhoek. Die Einrichtung der Sim-Karte wird von den Angestellten im Laden durchgeführt und kostet etwa 20 N$. Dort wird auch das erste Mal Guthaben auf die Karte geladen. Wird im Nachhinein zusätzliches Guthaben benötigt, können Sie dies an den MTC-Automaten an den meisten Tankstellen oder Supermärkten erwerben. Die Vouchernummer muss dann in Form einer SMS oder in der App aktiviert werden. Hier kauft man entweder einen speziellen Tarif für sieben Tage oder Guthaben. Der Aweh Gig Tarif zum Beispiel, den es für 32 N\$ gibt, beinhaltet 100 Freiminuten, 700 Frei-SMS, 1 GB freie Daten und zusätzlich 500 MB für die WhatsApp-Nutzung.

Tipp: Die MTC Namibia-App auf das Smartphone laden – am besten schon zu Hause. Das Guthaben kann hierüber aufgeladen werden, Tarife können einfach gewählt werden und sie gibt einen Überblick über die restlichen Frei-Einheiten und das Datenvolumen.

Die Fortbewegung in Namibia ist mit dem **Leihwagen** am einfachsten. Es herrscht Linksverkehr. Das Tempolimit ist 120 km/h auf Fernstraßen, 100 km/h auf Landstraßen und 60 km/h sowohl in den Ortschaften als auch in Nationalparks. Sehen Sie ein Stoppschild mit einer „4" darunter, handelt es sich um einen Vierfach-Stopp: Wer zuerst gestoppt hat, darf auch als Erstes wieder losfahren. Die meisten Straßen sind geteert oder geschottert. An den Straßenbezeichnungen kann man erahnen, welchen Zustand sie haben. So sind die B-Straßen geteert, die C-Straßen oft geschottert und D-Straßen können geschottert, aber auch weitaus schlechter sein. Auf den geschotterten Straßen wird ein Tempo von 70 km/h empfohlen, da hier die Schleudergefahr hoch und der Bremsweg verlängert ist. Bleiben Sie immer auf Straßen und fahren Sie nicht auf eigene Faust „Off-Road" durch die Gegend – das kann hohe Strafen mit sich bringen, wenn Sie erwischt werden.

Tipps aus eigener Erfahrung: Verlassen Sie sich nicht blind auf Google Maps, gerade bei Vorschlägen, D-Straßen als Abkürzung zu nehmen. Manchmal gibt es hier nämlich schon keine Straße mehr. Wenn Sie trotzdem nach Google Maps fahren möchten, bei diesen Straßen einen schnellen Blick in die Straßenkarte werfen (z.B. Reise Know-How Landkarte Namibia oder eine Karte der Touristeninformation in der Post Street Mall in Windhoek).

WICHTIGE VOKABELN

In Namibia sind Englisch und Afrikaans Amtssprachen. Auch Deutsch wird oft noch gesprochen.
Hier ein paar wichtige Worte auf **Afrikaans**:

baie dankie – vielen Dank

bakkie – Jeep / Geländewagen

bikkie – bisschen

Braii – Grillfeier

donkey – holzbeheizter Boiler für warmes
Wasser

fontein – Quelle

izit – Wirklich?

koppie – Hügel

lekker – gut, hübsch, lecker

morro – Guten Tag

pad – Straße, Weg

rivier – Trockenfluss

veld – Landschaft, Region

vlei – Senke mit Wasser

Planung der Route

Für die im folgenden vorgeschlagene Route werden mindestens **vier Wochen** benötigt. Sie kann aber natürlich beliebig verkürzt werden. Eine Möglichkeit dafür wäre, die Fahrt in den Caprivi-Streifen auszulassen, da dieser sehr viel Zeit in Anspruch nimmt. Wenn man sich entscheidet, nicht in den hohen Norden zu fahren, ist der nächste Stopp nach dem Waterberg Plateau direkt der E-tosha-Nationalpark. Möchte man den Caprivi mitnehmen, kann man die Route auch am Ende verkürzen, indem man in Swakopmund oder Walvis Bay endet und von hier nach Windhoek zurückfährt.

Info: Namibia ist mehr als zweimal so groß wie Deutschland. Deswegen sollten Sie sich gut überlegen, wie viel Strecke Sie fahren möchten, ob Sie kein Problem damit haben, auch mal einen kompletten Tag im Auto zu sitzen oder ob Sie lieber weniger Strecke fahren und dafür länger an einem Ort verweilen. Man muss sich schließlich auch immer noch etwas für einen erneuten Besuch aufsparen.

Alle nachfolgenden Ziele sind mit einem normalen **PKW** zu erreichen. Für einige kleine Alternativ-Strecken, zum Beispiel die Fahrt in die Flood Plains des Chobe-Nationalparks oder eine Fahrt zum Pelikan Point in Walvis Bay, benötigt man einen Geländewagen mit Allradantrieb. Diese Strecken sind an der entsprechenden Stelle im Reiseführer gekennzeichnet. Aber auch wenn Sie mit dem PKW unterwegs sind, kann man in diese Bereiche geführte Touren buchen.

Haben Sie einen Geländewagen und möchten gerne Strecken fahren, für die ein Allradantrieb nötig ist, sollten Sie sich bei der Vermietung erkundigen, ob Sie einen Kompressor dazu buchen können. Das kann bei Strecken, die zwischendurch von

Sandspur zu Felsuntergrund wechseln, sehr praktisch sein. Oder für kurzfristige Entscheidungen, doch noch einen Abstecher zu einer etwas abseits gelegenen Campsite zu machen. Gibt es die Möglichkeit nicht, kann man einen Reifendruckmesser kaufen, mit dem man auch Luft ablassen kann, bis der gewünschte Druck erreicht ist.

Zu den Unterkünften sei noch gesagt, dass viele Lodges auch Campsites haben. Hier lohnt es sich, einfach kurz an der Rezeption nachzufragen.

Tipp: Abseits der Städte ist das Camping mit Abstand die günstigste Reisemöglichkeit, da Lodges oft teuer sind und Hostels oder Ähnliches in Namibia nicht verbreitet sind.

Vier Wochen Namibia

WINDHOEK UND UMGEBUNG

Windhoek ist mit nur 400 000 Einwohnern relativ überschaubar, aber die größte Stadt Namibias. Der Weg vom Flughafen ins Zentrum der Stadt beträgt ca. 44 km und führt durch die Erosberge und die Dornensavanne. Die Straße ist gut geteert und eignet sich hervorragend für die erste Fahrt auf der „falschen Seite". Am Straßenrand tauchen immer wieder Warzenschweine auf, die Sie mit ihren aufgestellten Schwänzen zu begrüßen scheinen: „Welcome to Namibia!".

Für Windhoek sollten Sie mindestens zwei Tage einplanen. So können Sie in Ruhe ankommen, die Stadt erkunden und entspannt auf die Reise starten. Sie sind mit dem Zelt unterwegs oder wollen nicht in einem Hotel übernachten? Dann ist das **Urban Camp** genau das Richtige. Der Campsite, wie die Campingplätze hier genannt werden, liegt zwar mitten in der Stadt, ist aber trotzdem eine kleine grüne Oase. Generell gilt beim Campen: Toilettenpapier muss mitgebracht werden. Es können Plätze für das eigene Zelt gemietet werden, aber auch Zelte mit Betten. Außerdem bietet das Camp einen Pool und ein kleines Restaurant. Tipp: Oryx-Geschnetzeltes, dazu einen Savannah Dry-Cider und morgens das wirklich leckere, abwechslungsreiche Frühstück genießen. Der bekannte Pub **Joe´s Beerhouse** ist auch nur 600 m entfernt.

Info: Generell gilt in Windhoek: Auch noch so kurze Strecken werden im Dunkeln nie zu Fuß gemacht. Entweder das eigene Auto nehmen oder mit dem Taxi fahren.

Kultur- und Low-Budget-Tipp: Über Couchsurfing bei Locals wohnen. Dafür schon von zu Hause einen Account erstellen und gezielt Leute mit ähnlichen Interessen anfragen. Es bietet sich an, wenn möglich, länger als eine Nacht zu bleiben, um ein bisschen in den Alltag hineinzuschnuppern und vielleicht sogar gemeinsame Unternehmungen zu machen. Da kann es auch schon mal sein, dass ein 26-Jähriger das erste Mal in seinem Leben ein vegetarisches Gericht isst. Als Dankeschön für die Gastfreundschaft wird nach dem Prinzip von Couchsurfing nichts erwartet, aber man kann vorher einfach mal nachfragen, ob es einen speziellen Wunsch aus Deutschland gibt.

Einen **Stadtrundgang** kann man am besten an der **Christuskirche** beginnen, die sich auf dem Kreisel der Robert Mugabe Avenue befindet. Dort stehen meist Männer, die auf die Autos aufpassen und gleichzeitig Souvenirs an die Touristen verkaufen. Die Christuskirche ist das Wahrzeichen der Stadt und wurde von 1907 - 1910 aus Sandstein gebaut. Sie hat nur zu den Gottesdiensten geöffnet. Im Gemeindebüro kann man sich aber von 7:30 Uhr bis 13 Uhr einen Schlüssel leihen. Einmal um die Kirche herumgegangen fällt weiter die Straße hoch sofort ein modernes Gebäude ins Auge: Das **Independence Memorial Museum**. Dieses Gebäude wird auch liebevoll „Die Kaffeemaschine" genannt und ist seit dem 21. März 2014 für die Öffentlichkeit zugänglich. Im Museum wird die Geschichte von der Kolonialzeit bis zur Unabhängigkeit gezeigt. Die Öffnungszeiten sind Montag bis Freitag von 9 - 17 Uhr und Samstag und Sonntag von 10 - 17 Uhr, der Eintritt ist frei.

Die Statue vor dem Gebäude zeigt **Sam Nujoma**. Er war vom 21. März 1990 bis zum 20. März 2005 der erste Präsident der Republik Namibia. Das **Reiterdenkmal**, das früher an dieser Stelle gestanden hat, steht nun hinter der **Alten Feste**, dem Gebäude hinter der Kaffeemaschine. Es wurde in Berlin gefertigt und am Geburtstag von Kaiser Wilhelm II. enthüllt. Beim Wechsel des Standortes verlor es seinen Status als nationales Denkmal. Einige forderten sogar, es nach Deutschland zurückzuschicken. Es zeigt einen Schutztruppler und in die Tafel sind die

Namen der bei den Herero- und Nama-Kriegen ge-
fallenen Deutschen eingraviert. Die Alte Feste, als äl-
testes erhaltenes Gebäude der Stadt, beherbergt einen Teil des **Staatsmuseums** (Montag - Freitag 10 -
18 Uhr, Samstag - Sonntag 15 - 18 Uhr, Eintritt frei).
Geht man nun zurück Richtung Christuskirche, liegt
rechts, umgeben vom großen Parlamentsgarten, der
Tintenpalast. Er wurde 1913 errichtet und war damals Sitz der deutschen Regierung. Da durch das
zahlreiche Ausfüllen von Formularen viel Tinte ver-
braucht wurde, nannten ihn die Deutschen spöttisch
„Tintenpalast". Heute ist er Sitz des Parlaments. Die
drei Statuen vor dem Eingang zeigen große Befrei-
ungskämpfer des Landes: Den Herero-Führer Hosea
Kutako, den Nama-Führer Hendrik Witbooi und den
Ovambo-Priester Theophilus Hamuntubangela.

Folgt man der Robert Mugabe Avenue nun weiter stadteinwärts, liegen auf der linken Straßenseite
das alte **State House**, das heute Wohnsitz des Pre-
mierministers ist, das **Owela-Museum**, das Ausstel-
lungen zu Kultur und Natur zeigt, und die **National
Art Gallery** für zeitgenössische Kunst. Rechts, auf einer kleinen Anhöhe in der Love Street, liegt die **St.
George´s Cathedral**, die kleinste Kathedrale im

Süden von Afrika. In der **Turnhalle**, die an der Ecke Robert Mugabe Avenue / Bahnhof Street liegt, fand am 1. November 1975 die bekannte Turnhallenkonferenz statt.

Die **Independence Avenue**, die seit der Unabhängigkeit so heißt, ist die Parallelstraße der Robert Mugabe Avenue und Haupteinkaufsstraße von Windhoek. Folgt man ihr wieder in Richtung Christuskirche, kommt man zuerst am **Uhrturm** vorbei, der nach Vorbild der Deutschen Afrika-Bank gebaut wurde. Rechts biegt man in die **Post Street Mall** ein, die sich zum größten Straßenmarkt von Windhoek entwickelt hat. Hier liegt auch die **Touristeninformation**, in der man unter anderem kostenlose Karten vom Land bekommt (Öffnungszeiten: Montag - Freitag 9 - 17 Uhr und Samstag 9 - 12 Uhr).

Der **Meteoriten-Brunnen,** ein paar Meter entfernt, zeigt 31 der eisenhaltigen Gesteinsbrocken, die 1837 bei einem Meteoritenschauer südlich von Windhoek niedergegangen sind. Beim auch als Gibeon Shower bekannten Meteoritenregen fielen 21 Tonnen Gestein vom Himmel, was ihn zum stärksten, je auf die Erde niedergegangen Meteoritenschauer der Geschichte macht. Weiter auf der

Independence Avenue kommt man an drei Gebäuden im deutschen Kolonialstil vorbei. Zunächst das **Erkrath-Haus**, das wie die folgenden Häuser auch einen typischen Aufbau mit Geschäft im Erdgeschoss und Wohnung im oberen Geschoss zeigt. Das **Gathemann-Haus**, dessen Auftraggeber Heinrich Gathemann zum Bau des Hauses 1913 Bürgermeister von Klein Windhoek war, hat ein ungewöhnlich steiles Dach. Dieses diente in Deutschland dazu, dass der Schnee im Winter nicht auf dem Dach liegen bleibt – in Namibia also eigentlich völlig unbrauchbar. Die Apotheke im Haus heißt nach wie vor Luisen-Apotheke. Direkt daneben steht das von Gathemann 1920 vom Hotel zum Geschäft umgebaute **Kronprinzen-Haus**.

Zurück zum Auto geht es über die Fidel Castro Street entlang am **Zoo Park**, der heute kein Zoo mehr, sondern eine der rar gesäten Grünanlagen Windhoeks ist.

Wer gerne den „Platz, wo wir nicht leben wollen", wie die Township **Katutura** übersetzt heißt, besuchen möchte, sollte das am besten in Form einer geführten Tour machen. Möchten Sie auch den Stadtrundgang nicht auf eigene Faust machen, buchen Sie eine Stadtrundfahrt mit anschließendem Besuch von Katutura. Sie wollen lieber sportlich unterwegs sein? Dann fahren Sie mit Anna Mafwila mit dem Fahrrad durch Katutura. Buchungen müssen im Voraus per E-Mail (katutours@gmail.com) vorgenommen werden. Start ist am Soweto Markt in Katutura. Anna ist Ende 30 und hat das Unternehmen KatuTours gegründet – als Frau in Namibia nicht selbstverständlich. Sie ist unglaublich selbstbewusst, vertritt deutlich ihre Meinung und kennt die Leute hier ganz genau. Mit ihr geht es ca. 3,5 Stunden durch die Township, Berg hoch und runter, was durch die hohe Lage Windhoeks aber auch im Sommer erträglich ist. Sie stoppt an Märkten, wo man das Essen probieren kann, und immer wieder zwischendurch, erzählt von der Geschichte Katuturas:

Als die Apartheidsgesetze in Namibia durchgesetzt wurden, mussten alle „Farbigen" aus der Stadt raus. Die Buchstaben an den Häusern, die man heute noch erkennen kann, stehen für die verschiedenen Völkergruppen, H für Herero, N für Nama und D für Damara. Und auch heute noch, trotz Unabhängigkeit und des Rechts, dass jeder leben darf, wo er will, scheint die Trennung noch aufrecht erhalten zu sein.

Auch der Besuch eines großen Marktes gehört zur Tour. Wenn man möchte, kann man hier lokale Spezialitäten, Gürtel aus Kudu-Leder, Schuhe und vieles mehr kaufen. Auch wenn die Radtour mit 750 N$ pro Person definitiv zu den teureren Touren gehört, war es ein einmaliges Erlebnis und ist klar zu empfehlen.

Sicherheitstipp: Wenn Sie mit Ihrem Auto zum Startpunkt nach Katutura fahren, unbedingt alles vorher im Kofferraum verstauen und diesen vor Ort nicht öffnen! Wertsachen eng am Körper tragen und nicht offensichtlich zeigen. Meist wirft ein Aufpasser des Marktes einen Blick auf Ihr Auto.

Ein Übernachtungsstopp auf dem Weg zum Waterberg Plateau und auch der erste Stopp weitab von der Stadt lässt sich wunderbar an der **Düsternbrook Guest Farm** machen. Der Weg dorthin führt zuerst über die B1, bis man auf die D1499 und damit die erste Schotterpiste der Reise abbiegt. Es kreuzen immer wieder Warzenschweine und Helmperlhühner den Weg. Zwischendurch muss immer wieder ein Gatter geöffnet und geschlossen werden, damit die Rinder auf den Farmen nicht weglaufen können.

Nach etwa einer Stunde Fahrtzeit erreicht man die Farm. Sie ist die älteste Gästefarm in Namibia, ca. 14 000 h groß und Heimat von zahlreichen Tieren: Zebras, Nashörner, Paviane, Pferde, Leoparden, Geparden, Oryx-Antilopen, Warzenschweinen und vielen mehr. Übernachten können Sie in einem der zahlreichen Chalets, zum Beispiel mit Blick auf den Staudamm und die Flusspferde, in einem Zimmer oder einem Safari-Zelt. Oder Sie schlagen Ihr eigenes Zelt auf dem Campingplatz auf.

Tipp: Naturliebhaber sollten unbedingt eine der Pioneer Campsites nehmen. Sie liegt direkt am Trockenflussbett des Otjiseru, ist mit 220 N$ die günstigste Übernachtungsmöglichkeit und man fühlt sich, als wäre man mitten in der Wildnis: Der Abstand zum nächsten Camp beträgt ca. 60 m und spätestens, wenn eine Herde Gnus vorbeigaloppiert, vergisst man, dass man nicht mitten im Nirgendwo ist. Toiletten und Duschen sind unter freiem Himmel. Nachdem das Zelt aufgebaut ist, Holz sammeln und ein Feuer machen, so wie es jeder Namibianer bei einem Campingtrip macht. Das beste Erlebnis hier? Der Sternenhimmel! Denn hier ist so wenig Licht, dass man sogar den Schatten der Milchstraße sehen kann.

Am nächsten Morgen sollte man unbedingt noch ein bisschen Zeit auf der Farm verbringen. Angeboten werden verschiedene Game Drives und Ausritte. Letztere können auch unternommen werden, wenn Sie noch nie auf einem Pferd gesessen haben. Und wer kann schon behaupten, er hat Nashörner oder Gnus aus nächster Nähe und ohne schützendes Auto gesehen? Aber auch Wandern kann man hier sehr gut. Es werden verschiedene gut ausgeschilderte Wandertouren angeboten, von Tageswanderungen zwischen einer bis sechs Stunden über Wochenend-trails bis hin zu einer einwöchigen Tour (Khomas Hochland Hiking Trail). Vor dem Verlassen der Düs-ternbrook Guest Farm sollten Sie, falls Sie noch nicht daran vorbeigekommen sind, auf jeden Fall noch den Pfeilen zu den Hippo-Chalets folgen, um die gefähr-lichsten Tiere Afrikas von einer in den See gebauten Plattform aus zu beobachten.

ÜBER OKAHANDJA ZUM WATERBERG PLATEAU

Die Fahrt von der Düsternbrook Guest Farm zum Waterberg Plateau dauert etwa drei Stunden. Die B1 führt zu Beginn durch **Okahandja**, wo Geschichtsbe-geisterte einen Stopp am südlichen Ende der Church Street einlegen sollten. Hier steht die **Rhenish Mis-sion Church**, auf dessen Friedhof zahlreiche Gräber von deutschen Soldaten und Missionaren liegen. Ge-genüber dem Friedhof liegt das Grab vom Herero-Häuptling Hosea Kutako, der mit Sam Nujoma den Grundstein für die SWAPO-Gründung legte. Dadurch hat er maßgeblich an der Unabhängigkeit Namibias von Südafrika mitgewirkt. Um seinen Drang zur Einheit des Landes zu zeigen, ließ er sich, entgegen der Tradition, neben dem Erzfeind der Herero, Jonker Afrikaner, begraben.

Da hier auch zwei weitere Herero-Häuptlinge und gefallene Stammesmitglieder begraben liegen, wird einmal im Jahr, am 26. August, der **Heroe´s Day** oder Herero-Tag gefeiert, an dem diese und deren Gegner geehrt werden. Die Frauen tragen dann ihre traditionellen Herero-Gewänder und die prachtvolle Haube, die farbenfroh und sehr beeindruckend sind. Abgesehen davon bietet sich Okahandja auch zum Einkaufen und Tanken an.

Info: Generell sollten Sie auf der ganzen Fahrt immer Ihre aktuelle Tankanzeige verfolgen – Tankstellen sind nämlich eher rar gesät. Also lieber einmal zu viel als zu wenig nachfüllen. Auf den meisten Karten sind sie eingezeichnet, sodass man schauen kann, wo sich die nächste Gelegenheit zum Tanken bietet.

Auf dem Weg zum Waterberg geht es zunächst weiter auf der B1. Kurz vor Otjiwarongo auf die C22, wo dann das Plateau plötzlich vor Ihnen auftaucht. Die zunächst geteerte Straße wird zu einer Schotterpiste und an der Kreuzung zur D2512 biegen Sie auf diese ab. Am Waterberg gibt es zwei große Unterkünfte, die beide sowohl Lodges als auch Campsites haben. Wenn Sie campen, ist die **Waterberg Wilderness Lodge** mehr zu empfehlen als das staatliche Waterberg Camp. Die einzelnen Campsites sind auf einer kleinen Anhöhe, mit Koch-Platz und Sitzgelegenheiten ausgestattet, das eigene „Badezimmer" mit warmer Dusche ist direkt gegenüber gelegen und generell ist sie besser gepflegt als das staatliche Camp. Außerdem gibt es, relativ versteckt und damit abseits der Blicke der Camper gelegen, zwei Pools.

Bei einem abendlichen Spaziergang sieht man vielleicht sogar Kudus, mittelgroße Antilopen, in den Büschen. Die Lodge bietet außerdem geführte Wanderungen und Rhino-Safaris zu Fuß oder mit dem Auto an, die am Eingangstor zur Campsite gebucht werden können.

Tipp: Unbedingt vor Sonnenaufgang zum Sunset Point gehen und der Sonne dabei zuschauen, wie sie über der Savanne aufgeht. Von diesem Punkt startet auch ein kleiner Rundwanderweg, bei dem man mit etwas Glück Warzenschweine und Dikdiks beobachten kann. Letzte sind nur hier und im Etosha Nationalpark heimisch.

Wer sich für eine Übernachtung im staatlichen **Waterberg Camp** entschieden hat, hat auf dem Gelände zahlreiche Wanderwege zur Verfügung, die durch Symbole gut gekennzeichnet sind. Eine Karte gibt es im Büro der Parkverwaltung. Auch Tagesbesucher sind hier willkommen, sodass Sie von der Wilderness Lodge hier parken und ebenfalls wandern können.

Info: Um Nationalparks zu betreten, ist es üblich, dass Ihr Autokennzeichen und der Fahrername aufgeschrieben werden. Bei der Ausfahrt wird dies ebenfalls getan, sodass nachvollzogen werden kann, ob alle, die nicht übernachten, auch wieder aus dem Park herausgefunden haben und nicht noch irgendwo feststecken.

Der Eintritt in den Waterberg-Park kostet für Erwachsene 80 N$ und pro Auto zusätzlich 10 N$. Hier starten auch geführte und ungeführte Wandertouren, die über mehrere Tage gehen. Anmeldungen sind beim Namibia Wildlife Resorts (NWR) zu machen (reservation@nwr.com.na).

Nach einem Tag voller Wanderungen bietet es sich entweder an, noch eine Nacht am Waterberg zu verbringen oder weiter die D2512 entlang ins etwa zwei Stunden entfernte **Grootfontein** zu fahren. In dieser Stadt gibt es nicht viel zu sehen, sie dient mehr als Zwischenstopp, bevor es weiter in den Nord-Osten geht. Zur Übernachtung lädt das **Pondoki Rest Camp** ein, das durch die Rasenfläche ein bisschen an einen deutschen Campingplatz erinnert. Das Restaurant ist sehr gemütlich und man kann den Abend gut bei einer leckeren Pizza und einem Glas Wein ausklingen lassen.

DER CAPRIVI-STREIFEN

Von Grootfontein geht es über die B8 Richtung Norden nach **Rundu** an der Grenze zu Angola. Für die Fahrt sollten Sie sich eine gute Nebenbeschäftigung überlegen: Auf den 250 km geht es so gut wie ausschließlich geradeaus. Eine Herausforderung, dabei nicht einzuschlafen. Zudem unbedingt auf am Straßenrand grasende Kühe achten. Auch wenn es scheint, als wollten sie die Straße nicht überqueren, kann es trotzdem im letzten Moment passieren.

Info: Alle Sachen gut im Auto sichern, falls man mit 120 km/h doch mal eine Notbremsung wegen einer die Straße überquerenden Kuh machen muss!

14 km westlich von Rundu liegt das **Living Museum of the Mbunza** (www.lcfn.info/de/mbunza) am Samsitu See. Die Häuser des Museums wurden schon vor langer Zeit von den Kavango gebaut. Ziel der „Lebenden Museen" ist es, den Besuchern möglichst authentisch einen Einblick in die Traditionen und Bräuche der früher hier lebenden Menschen zu geben. So stehen speziell hier vor allem die Fischerei-

und Ackerbaukultur im Vordergrund. Das im Dorf gesprochene Rukwangali wird von einem Guide ins Englische übersetzt. Es können verschiedene Programme gebucht werden, in denen man entweder lediglich etwas über das Leben und die Traditionen erzählt bekommt (Kurzprogramm, 1,5 h, 170 N$ / p. P.) oder auch selbst in einem Handwerksworkshop kreativ werden kann und einen Tontopf, einen Speer, einen Korb oder Schmuck herstellen kann (Handwerkskunst Workshop, 1,5 h, 200 N$).

Am Nachmittag geht es dann weiter bis nach Divundu, wo man das erste Mal dem Okavango-River begegnet.

Absoluter Tipp: Das Ngepi-Camp, am besten gleich mindestens zwei Übernachtungen buchen. Hier tummeln sich viele junge Leute und das Camp ist liebevoll und mit Witz und Ironie gestaltet, die schon bei der Anreise beginnt. Das muss man einfach gesehen haben, das kann man schwer erklären. Aber spätestens, wenn Sie da gewesen sind, wissen Sie, was gemeint ist.

Und wer weiß, vielleicht sitzen Sie ja dann auch zufällig mit einem der Manager des Camps bei einem Cider am Tisch, unterhalten sich erst auf Englisch und stellen dann fest, dass man auch Deutsch sprechen könnte? Danny erzählte mir, dass das Camp viele Arbeitsplätze für die Bevölkerung bietet. Da der Okavango River Lebensraum von vielen Flusspferden und Krokodilen ist, ist das Baden hier sehr gefährlich. Die Anwohner dieser Region sind aber seit Generationen auf den Fluss angewiesen, holen hier Wasser und waschen sich und ihre Wäsche darin. Um Unfälle zu vermeiden, hat das Team überall Duschen und Wasserhähne für die lokale Bevölkerung installiert. Um den Gästen ein Badeerlebnis im Okavango Fluss zu bieten, hat das Camp einen Käfig, in dem man schwimmen gehen kann. Die Strömung fungiert sogar fast als Gegenstromanlage. Die meisten Stellplätze sind nah am Fluss gelegen, sodass man, den Rufen der Flusspferde lauschend, den Sonnenuntergang an einem Lagerfeuer genießen kann.

Sicherheitsinfo: Wenn Sie abends draußen sitzen, sollten Sie dringend darauf achten, lange, helle, lockere Kleidung zu tragen und ein Mücken-Repellent zu benutzen. Hier in der Caprivi-Region gibt es nämlich die Mücken, die den Erreger von Malaria übertragen.

Es können auch Tree Houses und Bush Huts gemietet werden. Das Camp bietet zudem Ausflüge auf dem Okavango an, entweder gemütlich im Boot, traditionell im Mokoro oder waghalsig als River Rafting, für jeden ist etwas dabei. Außerdem gibt es geführte Wanderungen mit Vogelbeobachtung oder eine Safari in den Mahango Game Park. Letzteren können Sie auch auf eigene Faust besuchen. Dafür fahren Sie vom Camp wieder auf die Hauptstraße, die D3403 und biegen nach links ab. Beim Gate zum Park stehenbleiben, sich und sein Auto im zugehörigen Haus anmelden, Karte mitnehmen und schon kann die Safari beginnen.

Allgemein gilt in jedem Nationalpark: Aus dem Auto ausgestiegen wird nur an dafür vorgesehenen Stellen. Von großen und kleinen Antilopen über Zebras, Strauße bis hin zu Elefanten ist hier alles vertreten. Der Vorteil an der Self Drive Safari: Man kann so oft und lange stehenbleiben, wie man möchte, um die Tiere in Ruhe zu bestaunen oder zu fotografieren. Kamera vorher voll aufladen und das Fernglas einpacken! Die Wege hier sind alle auch für einen normalen PKW geeignet. Auch wenn der Park im Gegensatz zu anderen sehr klein ist, kann man hier durchaus, wenn es die erste Safari-Erfahrung ist, fünf Stunden verbringen. Das ginge dann nicht nur Ihnen so!

Wenn Sie nach der Safari noch Zeit haben, können Sie ein Stück an der Zufahrt zum Ngepi-Camp vorbei Richtung Divundu fahren und die **Popa Falls** besichtigen. Dafür auf das Gelände des Popa Falls Resorts abbiegen und an der Rezeption anmelden. Bei diesen „Fällen" handelt es sich nicht um richtige Wasserfälle, sondern nur um Stromschnellen des Okavango, der hier durch ein Felsenriff aus Quarzitgestein fließt. Auf der kleinen Plattform oberhalb lässt es sich aber gemütlich mit einem kühlen Getränk verweilen.

Zurück am Camp können Sie es sich auf einer der Terrassen des Camps gemütlich machen und den Fluss und mit etwas Glück auch Flusspferde beobachten.

Weiter geht es über den **Trans-Caprivi-Highway** durch den Bwabwata-Nationalpark. Die „Achtung Elefanten"-Schilder wirken solange unwirklich, bis auf einmal ein Elefant auf dem Grünstreifen zwischen Straße und Wald steht. Aber auch Paviane lassen sich häufiger am Straßenrand erblicken.

Tipp: In Kongola an der Tankstelle gibt es einen kleinen Laden, der das beste Brot in Namibia verkauft – zumindest nach namibischen Vorstellungen. Damit Sie nicht enttäuscht sind: Es handelt sich quasi um ein Körnertoastbrot, das in Namibia aber tatsächlich selten ist. „Richtiges" Brot, wie man es aus Deutschland kennt, gibt es nur von der Hansa-Bäckerei aus Swakopmund in den größeren Supermärkten zu kaufen.

Fährt man von Kongola auf der C49 nach Süden, kommt man vorbei am **Lizauli Traditional Village**, welches ein kleines Freilichtmuseum ist, in dem die Caprivianer den Besuchern die Kultur ihres Volkes näherbringen. Hier kann man auch einen „hippo caller" kaufen, mit dem man Flusspferde anlocken kann.

Weiter Richtung Süden wartet im **Mudumu Nationalpark** die nächste Safari auf Sie, die ebenfalls mit einem normalen PKW bewältigt werden kann. Hier leben die Sitatungas und seltene Moorantilopen.

Wenn Sie einen Allradwagen gemietet haben und sich trauen, nur über eine Sandspur zu fahren, sollten Sie unbedingt im **Nambwa Camp** oder der dazugehörigen Lodge schlafen. Dafür fahren Sie, wenn Sie keinen Kompressor haben, um Ihren Reifendruck zu reduzieren, zuerst die Tankstelle in Kongola an. Den Reifendruck sollten Sie für das Fahren auf Sand auf maximal 1,2 bar reduzieren. Dann auf der B8 Richtung Osten, bis Sie links das Schild zur Campsite sehen. Sie müssen sich auch hier registrieren und unbedingt angeben, dass Sie übernachten wollen. Dann folgen Sie der „Straße" und der Beschilderung zum Camp. Der Weg hierhin kostet ein bisschen Überwindung, da es mit Autofahren auf der Straße nicht mehr viel zu tun hat.

Sicherheitsinfo: Grundsätzlich gilt beim Fahren auf Sand: Allrad anschalten, langsam, stetig Gas geben und mit einer hohen Drehzahl fahren und nie abrupt bremsen. Sollte Sie sich doch einmal festgefahren haben, weil Sie wegen eines Elefanten bremsen müssen (kein Scherz!), warten Sie einfach bis die Tiere vorbei sind und fahren dann ein gutes Stück rückwärts aus dem Loch heraus, bevor Sie wieder geradeaus fahren.

Der Weg lohnt sich aber auf jeden Fall. Ein weiteres Highlight in diesem Teil des Nationalparks ist der sogenannte **Horse Shoe**. Hier macht der Okavango eine Schleife und gegen Nachmittag lassen sich hier an manchen Tagen bis zu 400 Elefanten beim Trinken beobachten.

ABSTECHER NACH BOTSWANA UND ZU DEN VIKTORIA WASSERFÄLLEN IN ZIMBABWE

Ein Abstecher nach Botswana und zu den Viktoria Wasserfällen bietet sich an, wenn man schon bis hierhin gefahren ist. Dafür müssen Sie drei bis vier Tage einplanen und unbedingt mit dem Autoverleiher sprechen, ob das Auto auch in Botswana versichert ist. Wenn Sie sich dafür entscheiden, folgen Sie einfach der B8 über Katima Mulilo bis zur Grenze nach **Botswana** in Ngoma. Die Einreise nach Botswana ist sehr unkompliziert. Zunächst müssen Sie auf der namibischen Seite den Zettel ausfüllen, dass Sie das Land verlassen. Dann fahren Sie weiter zur botswanischen Seite und bekommen dort ein kostenloses Touristenvisum für bis zu 90 Tage. Folgen Sie dann der A33 durch den Chobe Nationalpark weiter bis nach **Kasane**. Die Stadt liegt direkt an der Grenze zu Zimbabwe. Hier sollten Sie in einer der zahlreichen Lodges oder Campsites übernachten und einen Shuttle Bus für den nächsten Tag buchen, der Sie nach Victoria Falls bringt.

Tipp: Das Senyati Camp, ein Stückchen hinter Kasane. Das Camp liegt wunderschön im Wald und es gibt ein beleuchtetes Wasserloch und einen kleinen Tunnel, mit dem man sehr nah an dieses herankommt. Abends kommen hier sehr oft Elefanten zum Trinken und auch der ein oder andere Löwe soll wohl schon mal da gewesen sein! Buchen Sie bei Ankunft für den nächsten Tag direkt einen Platz im Shuttle zu den Viktoria Fällen, die zum UNESCO Weltnaturerbe gehören.

Da hier nur Barzahlung akzeptiert wird, sollten Sie an der Tankstelle in Kasane vorher Geld abheben, am besten direkt genug, um auch das Visum nach Zimbabwe bezahlen zu können. Es kostet 50 US$ oder 600 Botswana Pula. Als Zufahrt zum Camp dienen zwei Wege, der eine davon ist eine kurze Sandspur, die nur mit Allrad bewältigt werden kann. Sie bietet sich, falls Sie Ihre Allradkünste noch nicht ausgetestet haben, gut als Übung an, da auch immer wieder Autos des Camps vorbeikommen, die Sie zur Not herausziehen könnten, sollte Sie sich festgefahren haben. Aber so schwierig ist es auch eigentlich nicht. Haben Sie einen normalen PKW, können Sie den etwas längeren Weg nehmen, der für 2 x 4, also einem Auto, bei dem nur zwei Reifen angetrieben werden, ausgeschildert ist.

Am nächsten Morgen verlässt das Shuttle früh das Camp, um Sie nach **Victoria Falls** zu bringen. Wenn Sie im afrikanischen Winter, also in der Zeit von April bis Juli, reisen, unbedingt die Regenjacke und den Regenschutz für den Rucksack einpacken, es wird nass. Haben Sie dies nicht, können Sie auch vor Ort einen Regenponcho leihen. Das Visum für den Aufenthalt in Zimbabwe gibt es an der Grenze, wo Sie sich in die Schlange der zahlreichen Touristen einreihen müssen. Der Eintritt in den **Victoria Falls Park** kostet 30 US$, die aber ganz einfach mit Kreditkarte gezahlt werden können. Die Viktoria Wasserfälle gehören zusammen mit den Niagara Fällen und den Iguacu Fällen zu den drei größten Wasserfällen der Welt. Sie haben eine Höhe von 107 m, eine Weite von 1737 m und das Wasservolumen pro Sekunde beträgt 1100 m^3. Es gibt einen Weg entlang der gegenüberliegenden Seite der Wasserfälle, wo man sehr gut das gesamte Ausmaß begreifen kann. Man kommt so nah ran, dass man sehr nass wird, wenn die Fälle den höchsten Wasserstand haben.

Aber da es warm ist, trocknet man auch schnell wieder. Am Ende des Weges kann man noch einen Blick auf die Brücke werfen, auf deren Mitte sich die Grenze zu Sambia befindet. Waghalsige können von dieser Brücke, zu der man von außerhalb des Parks Zutritt hat, mit einer Zip Line fahren oder Bungee-Jumping machen. Am Nachmittag bringt Sie das Shuttle dann zurück zum Camp.

Tipp für den Rückweg: Von Kasane nach Ngoma durch den Chobe-Nationalpark. Wenn Sie ein Allradfahrzeug haben, fahren Sie nicht die A33 zurück nach Ngoma, sondern durch die Chobe Flood Plaines. Hier geht es ca. 100 km entlang des Chobe Rivers und die Landschaft und die zahlreichen Elefanten, Antilopen, Flusspferde, Krokodile, Giraffen und Zebras werden Sie sprachlos machen! Haben Sie keinen Geländewagen, mit dem Sie hier auf Safari gehen können, können Sie auch eine Nacht länger im Senyati Camp bleiben und dort eine geführte Safari in den Nationalpark buchen. Ihn zu besuchen lohnt sich sehr!

ETOSHA NATIONAL PARK

Bevor Sie auf Ihrem Weg vom Caprivi-Streifen den bedeutendsten Nationalpark in Namibia erreichen, können Sie noch einen Stopp beim **Hoba-Meteorit** bei Grootfontein einlegen. Dafür fahren Sie auf der B8 ein Stück Richtung Westen und biegen vor dem Ort Kombat auf die D2860 ab. Der 3 m breite und 1 m hohe Meteorit ist vor 80 000 Jahren aus dem Weltall auf der Erde gelandet. Er wiegt 60 Tonnen und ist damit der schwerste Meteorit, der je gefunden wurde. Wer den Meteoritenbrunnen in Windhoek gesehen hat und sich nicht sonderlich übermäßig für die Gesteine aus dem All interessiert, kann sich diesen Stopp aber auch getrost sparen. Außer des Meteorits ist hier wirklich nichts. Wer noch einen Übernachtungsstopp auf dem Weg zum Etosha einlegen möchte, dem empfiehlt es sich, im **Meteorite Rest Camp** zu übernachten. Hier gibt es Chalets und eine Campsite auf dem Farmgelände und zur Erfrischung einen Pool.

Um zum **Etosha Nationalpark** zu gelangen, folgen Sie von Grootfontein der C42 Richtung Tsumeb und von dort der B1, bis nach links die C38 abgeht. Hier erreichen Sie nach kurzer Zeit das Von

Lindequist Gate, das den östlichen Eingang zum Nationalpark darstellt.

Tipp: Innerhalb des Nationalparks in den staatlichen Camps übernachten. Diese sind zwar etwas teurer (N$ 389 p. P.) und sollten im Voraus gebucht werden, haben aber den Vorteil, dass Sie den Park vor Sonnenuntergang nicht verlassen müssen, sondern sich im umzäunten Camp inmitten des Parks aufhalten dürfen. Alle drei staatlichen Camps, Namutoni im Osten, Halali in der Mitte und Okaukuejo im Osten, haben beleuchtete Wasserlöcher, an denen sich nach Sonnenuntergang viele Tiere tummeln. Außerdem öffnen die Gates der Camps am Morgen schon früher als die Gates zum Etosha, sodass Sie Ihre Safari vor Sonnenaufgang starten können. Dann sind die Chancen, Tiere an den Wasserlöchern zu sehen, noch höher als zu Zeiten, an denen die Sonne vom Himmel brennt.

Der komplett umzäunte Nationalpark ist 22 300 km^2 groß und der wichtigste und bekannteste Nationalpark in Namibia. Bereits 1907 wurde er vom deutsch-südwestafrikanischen Gouverneur

Friedrich von Lindequist zum Naturschutzgebiet erklärt. Durch Wilderei und Großwildjagden hat sich sein Tierbestand von damals zu heute allerdings um ein Viertel verringert. Der Name „Etosha" bedeutet in Oshivambo „großer weißer Platz". Spätestens, wenn Sie zum **Ethosha Lookout** gefahren sind, wissen Sie warum: Inmitten des Parks liegt eine 5000 km² große Salzpfanne, die sogar aus dem Weltraum zu sehen ist. Sie entstand vor 2 Millionen Jahren, als das Delta des Kunene austrocknete. Danach hat sich der Fluss so verlagert, dass er heute die Grenze zu Angola bildet.

Für die Safari im Etosha Nationalpark sollten Sie mindestens zwei Tage einplanen, um in Ruhe unterwegs zu sein. Dabei bietet es sich entweder an, zwei Touren vom Halali-Camp in der Mitte des Parks zu machen oder zuerst im Namutoni- oder Halali-Camp zu übernachten und dann weiter zum Okaukuejo-Camp zu fahren. Wenn Sie mit dem Zelt unterwegs sind, ist es entspannter, zwei Übernachtungen im Halali-Camp zu machen, um nicht jede Nacht erneut aufzubauen. Nehmen Sie sich auf jeden Fall keine zu weiten Strecken vor und warten Sie unbedingt auch einmal längere Zeit an einer Wasserstelle. Früher oder später werden die Tiere kommen.

Info: Wenn die Straße von Autos blockiert wird, gibt es meistens etwas Besonderes zu sehen. Einfach Fenster herunterlassen, zum Nachbarauto fahren und nachfragen, was denn hier entdeckt wurde. Und unbedingt das Fernglas und die aufgeladene Kamera einpacken. Auch im Etosha gilt: Auf keinen Fall aussteigen, wenn Sie nicht an einem Picknick-Platz oder dem Etosha-Lookout sind. Mit offenem Fenster zu fahren stellt aber keine Gefahr dar, die Tiere sehen Ihr Auto als eine „Einheit" und können nicht unterscheiden, ob das Fenster offen oder geschlossen ist.

VINGERKLIP, PETRIFIED FOREST UND TWEYFELFONTEIN

Um die nächsten Sehenswürdigkeiten anzusteuern, verlassen Sie den Etosha im Süden durch das Anderson Gate in der Nähe des Okaukuejo Camps. Folgen Sie der C38 bis Outjo und biegen Sie rechts auf die C39 ab. Um zur Vingerklip zu gelangen, an der Kreuzung zur D2743 auf diese abbiegen und der Straße bis zur Vingerklip Lodge folgen. Auf dessen Gelände befindet sich die „**Fingerklippe**", die 35 m in die Höhe ragt und aus Sedimentgesteinsschichten aus dem Tertiär besteht. Gegen ein kleines Eintrittsgeld kann man bis an die Vingerklip fahren, um dann noch ein Stück bis zu ihrem Fuß heraufzulaufen.

Tipp: Eine Übernachtung bietet sich in der Ugab Terrace Lodge an. Fahren Sie ein Stück zurück und biegen Sie dann nach links auf das Gelände ab. Die Lodge liegt auf einem Bergkamm und so ist die Anfahrt dorthin ein echtes Abenteuer. Der Ausblick von oben ist aber umso überragender! Ein paar Wanderwege laden noch zu einem abendlichen Spaziergang ein, bevor Sie entweder Ihr kleines Haus auf der Kuppe des Berges oder Ihre Campsite weiter unten beziehen. Der Donkey dort wird für Sie beheizt, sodass später eine heiße Dusche auf Sie wartet. Für die Abenteuerlustigen wird auch etwas angeboten: Eine Zip Line vom Plateau herunter, mit Blick auf die Vingerklip. Das Vergnügen ist hier deutlich günstiger als an den Viktoria Wasserfällen und ganz klar zu empfehlen. Buchen kann man ganz unkompliziert an der Rezeption.

Von hier aus geht es zurück über die D2743 nach Norden, dann auf der C39 weiter Richtung Westen. Der nächste Stopp ist der **Petrified Forest (versteinerter Wald)**. Hier liegen 280 Millionen Jahre alte Stämme, die immer noch aussehen und klingen wie Baumstämme, aber so hart sind wie Stein. Sie wurden in den 1940er Jahren von zwei Farmern gefunden und 1950 unter Denkmalschutz gestellt. Das Gelände darf nur mit einem Guide betreten werden, der viele interessante Informationen zum „Wald" und auch der Welwitschia Pflanze, die hier ebenfalls wächst, gibt. Folgt man der C39 weiter, kommen einige Campsites, von der das **Aabadi Mountain Camp** zu empfehlen ist. Die Campsites sind sehr schön angelegt und es gibt Safari Zelte, wenn Sie kein eigenes dabei haben. Hier abends unbedingt zum Sonnenuntergang zum Sunset Point gehen. Die Sonne taucht hier die umliegenden Berge in unglaublich schönes, rotes Licht!

Am nächsten Tag steht eine Wanderung zu den Felsmalereien von **Tweyfelfontein** an. Da es hier kaum Schatten gibt, sollten Sie unbedingt am frühen Morgen aufbrechen, um nicht der vollen Mittagshitze ausgesetzt zu sein. Vom Aabadi Mountain

Camp fahren Sie ein Stück auf der C39 Richtung Osten, biegen dann auf die D3254 ab, der Sie bis zur Kreuzung der D3214 folgen, auf die Sie abbiegen. Tweyfelfontein ist Afrikaans und bedeutet „zweifelhafte Quelle". Ihren Namen bekam sie, da sie in der Vergangenheit immer wieder versiegte und somit keine zuverlässige Wasserquelle darstellte. Heute ist sie so klein, dass nur Vögel von ihr trinken. Der Name Tweyfelfontein wird mittlerweile für das ganze Tal verwendet. Hier wurden über 2500 Bilder auf mehr als 200 Felsen gefunden. Diesen kommt man nur im Rahmen einer Führung ganz nah. Da viele Bilder sehr rätselhaft aussehen, ist es auch definitiv besser, jemanden dabeizuhaben, der sich auskennt und die Gravuren deuten kann. Sie werden auf ein Alter von 2400 bis 6000 Jahre geschätzt. Die früheren Bewohner dieser Gegend ritzten die Tiere, Fußspuren und Wasserlöcher mit Quarzsteinen in den Sandstein. Die genaue Absicht ist unbekannt. Es wird aber vermutet, dass sie damit ihr Wissen über Jagdgebiete oder Wasserlöcher weitergeben wollten, aber auch ihr Territorium markieren wollten. Da der Atlantik von hier nur etwas mehr als 100 km entfernt ist, finden sich auch Bilder von Seehunden und

Pinguinen. Aber auch abstrakte Figuren, die wahrscheinlich Schamanen zeigen, wurden hier eingraviert.

Wer nach der kleinen Wandertour noch Zeit hat, kann noch ein Stück weiter auf der D3254 nach Süden fahren und einen Stopp an den **Organ Pipes (Orgelpfeifen)** und am **Burnt Mountain (verbrannter Berg)** einlegen. Die **Orgelpfeifen** sind Basaltsäulen, die in einem Flussbett stehen und bis zu 5 m hoch und mehr als 100 Millionen Jahre alt sind. Sie klingen aber ehrlich gesagt spektakulärer, als sie dann in Wirklichkeit sind. Direkt daneben befindet sich der **verbrannte Berg**. Seinen Namen hat er seinem Aussehen zu verdanken, da er aus geschwärztem Kalkstein und schwarzem Dolerit besteht. Auch hier sind die Erwartungen größer als das, was man dann geboten bekommt.

DER BRANDBERG

Um zum Brandberg zu kommen, sollte man jetzt nicht dem kürzesten Weg, den Google Maps vorschlägt, folgen. Denn wo angeblich eine Straße ist, finden sich „Stufen" aus Felsen, die ohne

Geländewagen (oder mit einem kleinen) nur sehr schwer befahrbar sind. Da wird die Abkürzung dann schnell zur unfreiwilligen Verlängerung, was bei 42 °C kein Vergnügen ist. Vor allem nicht, wenn Sie erst noch Steine umschichten müssen, um die Kante herunterfahren zu können. Am besten fahren Sie auf der D2612 bis zur C35, folgen dieser nach Süden, bis die D2359 nach rechts abbiegt. Den Besuch der „Weißen Dame" sollten Sie sich für den nächsten Morgen aufsparen, denn die Wanderung zu ihr ist keine, die man in der Mittagshitze unternehmen sollte. Da lädt der Pool der **Brandberg White Lady Lodge**, der auch gerne von den Campsite-Bewohnern genutzt werden kann, schon eher zum Verweilen ein. Wenn Sie Zeit haben, sollten Sie hier auch zwei Übernachtungen buchen. Die Lodge bietet Desert Elephant Safaris an, Ausritte am Morgen und zum Sonnenuntergang sowie geführte Wanderungen. Wenn Sie das Gebiet um das Ugab Revier lieber auf eigene Faust erkunden wollen, haben Sie auf den Straßen und im Trockenflussbett um die Lodge herum genug Möglichkeiten.

Die **White Lady (Weiße Dame)** am Brandberg ist eine mehrere tausend Jahre alte Felsmalerei der

San. Sie befindet sich wettergeschützt unter einem Felsüberhang und liegt etwa 5 km vom Parkplatz entfernt. Der Weg darf nur mit einem Guide gemacht werden, der zwischendurch immer wieder stehen bleibt und interessante Informationen über den Brandberg und die Pflanzen- und Tierwelt gibt. In der gesamten Region um den Brandberg, einschließlich des Brandbergs selbst, darf man nicht mehr auf eigene Faust wandern. Möchte man den höchsten Gipfel Namibias, den Königsstein (2573 m), besteigen, muss man eine geführte Tour buchen. Safaris Unlimited, Windhoek bietet Touren von Windhoek aus an (www.namibweb.com/trailhopper.htm). Über info@namibweb.com können Termine für sowohl kurze als auch mehrtägige Wanderungen angefragt werden.

An der White Lady angekommen werden auch noch zahlreiche andere Felszeichnungen sichtbar. Und schnell wird klar, dass es sich bei der White Lady nicht um eine Frau handelt: „Sie" trägt Pfeil und Bogen, was damals für eine Frau nicht vorstellbar war. Auch ist sicher, dass ihre Hautfarbe nicht „weiß" ist. Vielmehr geht man davon aus, dass sich der Krieger aus rituellen Gründen weiß bemalt hat.

Die Tiere um ihn herum stellen ganz klar eine Jagd-szene dar. Das Bild ist durch einen Zaun und ein Git-ter geschützt, da Besucher in der Vergangenheit im-mer wieder Wasser darüber gekippt hatten, um bes-sere Fotos machen zu können. Für die Zeichnungen am Brandberg wurde damals übrigens, im Gegensatz zu denen aus Tweyfelfontein, die ja Gravuren dar-stellen, Farbe verwendet.

DIE SPITZKOPPE

Zum nächsten Bergmassiv, der **Großen und Klei-nen Spitzkoppe**, geht es über die D2359 und ab Uis über die C36 und D1930. Hier gibt es eine Lodge und das **Spitzkoppe Community Tourist Camp**. Die einzelnen Plätze liegen sehr weit auseinander, so-dass man hier wirklich ungestört ist. Duschen gibt es vorne an der Rezeption, Toiletten stehen auf der Campsite im Freien und sind ohne Wasser. Hier ru-hig einfach mal zwei Tage verbringen, die Seele bau-meln lassen und das machen, was auf einer Reise durch Namibia immer zu kurz kommt: Sich Zeit las-sen und die Ruhe und Natur genießen! So kann man sich ganz leicht in diesen irgendwie magischen Ort verlieben und will nicht wieder weg.

Auch an der Spitzkoppe gibt es eine Reihe von Felsmalereien, die nur als geführte Tour besichtigt werden können. Die Guides wechseln sich hier immer ab, da sie nach Touren bezahlt werden und auch das Trinkgeld eine wichtige zusätzliche Einnahmequelle ist. So bleibt es fair zwischen ihnen und das Gehalt ist bei allen ungefähr gleich. Bei der **Small Bushmen´s Paradise und Golden Snake-Führung** erzählt der Guide viel über die Bräuche und Lebensweise der Menschen hier damals und gibt interessante Informationen zu den Zeichnungen. Auf dem Weg kommen ein paar Zebras vorbei, die, wie mir der Guide erzählte, hier her gebracht wurden, als 10 000 BC gedreht wurde. Da sie danach niemand wieder abgeholt hat, leben sie immer noch hier. Weil es an der Spitzkoppe keine natürlichen Wasserstellen gibt, wird ihnen von den Lodgemitarbeitern Wasser zur Verfügung gestellt.

Wer lieber einfach ein bisschen **Wandern** möchte, hat hier auch genügend Gelegenheiten, denn die Gegend um die Spitzkoppe ist sehr weitläufig.

Tipp: Klettertour zur Spitzkoppe. Wenn Sie Kletter-fan sind oder werden wollen ein Muss. Natürlich können Sie mit eigener Ausrüstung und entsprechenden Kenntnissen auf eigene Faust klettern.

Wenn Sie keine Ausrüstung haben oder nicht klettern können, es aber immer schon mal lernen wollten, besuchen Sie in Swakopmund „The Dome". In diesem Sportzentrum gibt es eine Kletterwand, die von Montag bis Samstag geöffnet hat. Erwachsene klettern von 18 - 19 Uhr oder am Samstag von 8:30 - 11:30 Uhr. Richard und Anna bereiten Sie hier auf eine Tour zur Spitzkoppe vor. Sie können auch mit Richard über info@namibadventure.com oder 081 576 62 78 Kontakt aufnehmen.

Am schönsten ist eine Tour übers Wochenende. Das hat den Vorteil, dass Sie nicht allein mit Richard klettern, sondern oft auch Leute aus Swakopmund und Umgebung mitkommen. Oder Sie fragen gezielt nach Touren, bei denen schon andere angemeldet sind. Dadurch erleben Sie erst richtig, wie Namibianer campen: Klassisch mit Lagerfeuer und Braai. Da die Menschen hier in der Regel sehr offenherzig sind, werden Sie sich schnell dazugehörig fühlen und vergessen, dass Sie hier nur zu Besuch sind.

SWAKOPMUND

Über die D3716 und die und D1918 gelangen Sie auf die B2, die Sie direkt nach Swakopmund führt.

Swakopmund hat ca. 45 000 Einwohner und wird auch liebevoll als „Little Germany" bezeichnet. In keiner anderen Stadt ist die deutsche Kultur so präsent geblieben wie hier. Es gibt deutsche Buchhandlungen, Cafés mit deutschsprachiger Bedienung, Bienenstich und Schwarzwälder Kirschtorte und viele Gebäude, die im deutschen Kolonialstil errichtet wurden. Deswegen lohnt sich ein kleiner Stadtrundgang. Parken kann man gut am **Bahnhof** in der Theo Ben Gurirab Avenue, in dem sich heute ein Hotel und ein Kasino befindet. Vorbei an einem **Kindergarten** und der **Kristall Galerie**, die ein geologisches Museum ist, biegen Sie an der Polizei links auf die Tobias Hainyeko Street ab. Hier fällt sofort der Schriftzug **„Altes Amtsgericht"** an einem Haus gegenüber auf, das heute die Sommerresidenz des namibischen Präsidenten ist.

Das **Marinedenkmal** daneben wurde in Berlin gefertigt und 1908 eingeweiht. Gegenüber steht die **Alte Post**, in der heute die Stadtverwaltung ihren Sitz hat. Biegt man vor ihr in die Daniel Tjongarero

Avenue, läuft man direkt auf eine **lutherisch-evangelische Kirche** zu. Folgt man der Straße in die Richtung, aus der man gekommen ist, läuft man direkt auf das **Museum Swakopmund** zu. Es hat täglich von 10 - 17 Uhr geöffnet. Wer sich für die Kultur des Landes, die verschiedenen Völkergruppen und die Tiere interessiert, sollte es unbedingt besichtigen. Es hält zahlreiche Exponate bereit, von traditioneller Kleidung über den Nachbau einer Zahnarztpraxis, Ochsenwagen, alte Geldmünzen bis hin zu dreidimensionalen Modellen von Wüste und Meer. Direkt gegenüber vom Museum steht der **Leuchtturm**. Er ist 21 m hoch und überragt damit alle anderen Gebäude der Stadt. Auch wenn im Hafen keine Schiffe mehr anlegen können, da er zu versandet ist, leuchtet er jede Nacht und seine Signale sind bis zu 35 Seemeilen auf dem Meer zu sehen. In der Bismarck Street steht das 1894 erbaute **Woermann-Haus**. Hier hatte damals die Hamburger Damara- und Namaqualand Handelsgesellschaft ihren Sitz. 1909 wurde es durch die Firma Woermann, Brock & Co. um den **Damara-Turm** erweitert. Dieser diente sowohl als Wasserturm als auch als Navigationspunkt für die Schiffe, die zu Woermann gehörten.

Heute findet sich hier die Bücherei und eine Kunst-ausstellung. Im Büro kann man sich einen Schlüssel leihen und für 20 N$ auf den Turm gehen. Hier hat man einen schönen Blick über die Stadt, das Meer und die Wüste. Der letzte Punkt des Rundgangs ist die Landungsbrücke, auch **Jetty** genannt. Sie ist über 100 Jahre alt, stand aber immer wieder kurz vor dem Zusammenbruch, da die Konstruktionen nie für die starke Brandung des Atlantiks ausgelegt waren. Ur-sprünglich wollten die Deutschen, die die Holzbrü-cke 1912 durch eine Stahlkonstruktion ersetzten, sie bis auf 640 m weit ins Meer hineinreichen lassen. Das Vorhaben wurde durch den Ausbruch des Ers-ten Weltkrieges gestoppt und so hat die Jetty bis heute nur eine Länge von 262 m.

WALVIS BAY

Walvis Bay, das über die B2 direkt mit Swakop-mund verbunden ist, ist mit 62 000 Einwohnern die drittgrößte, aber am dichtesten besiedelte Stadt Na-mibias. Der Tiefseehafen ist der Einzige des Landes und dadurch ein wichtiger Güter-Umschlagpunkt. Zudem leben die Einwohner vom Fischfang und der

Meersalzgewinnung. Die Stadt hat gar nicht so viel zu bieten, ist die Architektur doch sehr eintönig und besteht hauptsächlich aus Wohnhäusern. Walvis Bay ist trotzdem durchaus einen Besuch wert, da die Umgebung sehr reizvoll ist. Sehenswert ist die an der Ecke 8th Street West / 5th Road stehende **Rheinische Missionskirche**. Sie wurde 1879 in Hamburg gebaut, in Einzelteile zerlegt und nach Walvis Bay gebracht. Hier wurde sie ein Jahr später aufgebaut. Ganz in der Nähe befindet sich die **Lagune**. Hier tummeln sich zahlreiche Flamingos und Pelikane und sie lädt zum Spazieren gehen ein. Die zahlreichen Hotels, deren Zimmer mit Meerblick ausgestattet sind, finden sich ebenfalls an der Lagune entlang. Im **Ngandu at the Sea** gibt es ein Doppelzimmer mit Frühstück schon ab 770 N\$. Am besten kann man den Sonnenuntergang bei einer leckeren Pizza, belegt mit Avocado, im **The Raft** an der Esplanade genießen. Das Restaurant wurde als Pfahlbau in die Lagune gebaut und man speist hier fast ausschließlich mit Einheimischen. Das liegt daran, dass in Walvis Bay nicht so viele Touristen sind, die meisten bleiben lieber in Swakopmund. Wenn Sie lieber Sea Food essen möchten, ist **Anchors** an der Waterfront zu empfehlen. Hier kann man auch draußen sitzen und einen Blick auf den Atlantik werfen. **Rojo´s**, ebenfalls an der Waterfront, ist ein klarer Tipp für alle Burger-Fans. Kulinarisch hat die unscheinbare Stadt also viel zu bieten. Im **Dolphins** in der Atlantic Street gibt es leckeres Frühstück, von Pancakes über Müsli bis hin zu Omelettes. An der **Waterfront** sind zahlreiche Unternehmen ansässig, die Touren in die Umgebung anbieten. Um die vielen **Robben** aus nächster Nähe betrachten zu können, fahren Sie entweder mit dem Katamaran oder dem Kayak an den Pelikan Point. **Sun Sail Catamarans** bietet Fahrten für 850 N$ p. P. an, die auch einen kleinen Snack und Wein und andere Getränke beinhalten.

Tipp: Kayak-Tour in der Lagune. Pelikan Point Kayaking starten mit Ihnen früh morgens mit dem Geländewagen mit Trailern und Kayaks zum Pelican Point. Die rund 40 km Fahrt sind das erste Erlebnis dieser Tour, da es, am Strand entlang, vorbei an Flamingos, Pelikanen, Robben und Kormoranen geht.

Auf der Landzunge steht ein Leuchtturm, der auch eine Lodge ist. Früher war er einmal das Ende des

Strandes, mittlerweile hat sich der Sand aber weiter ausgebreitet, sodass er nicht mehr die Spitze bildet. Ist man am Ende der Landzunge, werden die Kayaks abgeladen, Schwimmwesten verteilt, eine kurze Einweisung gegeben und schon kann es los gehen. Die meisten Guides machen, wenn Sie möchten, Fotos von Ihnen, damit Sie nicht Ihre eigene Kamera mitnehmen müssen. Wenn das Handy aber trotzdem nicht fehlen soll, gibt es wasserdichte Tüten, in denen Sie es verstauen können. So nah wie jetzt waren Sie bestimmt noch nie an Robben dran!

Ein weiterer Tour-Tipp: Mit Red Dune Safaris Namibia zum Sandwich Harbour. Entweder in Form einer geführten Tour oder als Self Drive Tour. Letztere geht nur, wenn Sie einen Geländewagen, Art Toyota Hillux, haben. Das Unternehmen wird von zwei Brüdern betrieben, die sich bestens hier auskennen.

Sie treffen sich mit J. P. an einem Parkplatz an der Lagune, wo er Ihnen die ersten nötigen Infos gibt. Nachdem der Reifendruck gesenkt wurde, geht es Richtung Meer. Durch die Funkgeräte stehen Sie im ständigen Kontakt, sodass Sie genaue Hinweise bekommen. Auf dem Hinweg fahren Sie an den **Salt Works** vorbei und bestaunen die pinken Wasserbecken. Die Farbe bekommt das Meerwasser hier durch das enthaltene Plankton, dem auch die Flamingos ihre Farbe zu verdanken haben. Das Salz in den Becken wird erst „geerntet", wenn es eine Dicke von einem Meter hat. Vorher könnten die „Erntemaschinen" nicht auf der Salzschicht fahren. Auch wenn das Salz wie Eis aussieht, trauen Sie sich ruhig, es zu betreten, es ist nicht rutschig. Dann geht es weiter und schon bald die erste Düne herauf. J. P. bleibt kurz vorher stehen, bespricht das Vorgehen mit Ihnen und zeigt dann, wie es geht. Sie folgen. Oben angekommen, erleichtert, dass der erste Versuch direkt funktioniert hat, haben Sie einen wunderbaren Ausblick über die Salt Works. Diese sind mit einer Fläche von 3500 h und einer Ausbeute von jährlich 400 000 Tonnen der größte Salzproduzent in Afrika.

Weiter in der Ferne sieht man das vergleichsweise grüne Rivier des **Kuiseb**. Und durch das geht es auch weiter. Die Springböcke und Schakale scheinen sich gar nicht daran zu stören, dass Sie mit dem Auto vorbeifahren. Umso besser, um in Ruhe Fotos machen zu können. J. P. erzählt über Funk immer wieder spannende Infos über die Landschaft, die Tiere und die Pflanzen. An einer Stelle hält er an und Sie gehen ein Stück zu Fuß die Dünen hoch. Er bleibt stehen, fängt an, im Sand zu graben, und hat plötzlich einen kleinen Gecko auf der Hand. Wenn man genau schaut, meint J. P., sieht man die Atemlöcher, die sie im Sand graben, und kann dann gezielt nach ihnen suchen. Der Gecko bleibt ganz ruhig, während Sie ihn in Ruhe betrachten könne, dann setzt J. P. ihn in eine kleine Mulde und er beginnt, sich einzugraben. Sie fahren weiter und erreichen schon bald das Ende des Deltas, wo der Namib Naukluft National Park beginnt. Von dort aus geht es die Dünen rauf und wieder runter, teilweise am Strand entlang, wo das Wasser gefährlich nah zu kommen scheint und erreichen schließlich den **Sandwich Harbour**. Bereits 1486 wurde er von Portugiesen hier gegründet, im 19. Jahrhundert soll hier ein Fischereihafen und Ausgangspunkt für Walfänger gewesen sein. Er verlor dann aber an Bedeutung, da in Swakopmund ein neuer Hafen errichtet wurde.

Heute ist von dem eigentlichen Hafen nicht mehr viel zu sehen. Einige Gebäudedächer schauen noch aus dem Sand. J. P. erzählt, dass man diese Häuser vor 10 Jahren noch betreten konnte. Die Bucht fängt langsam an zu versanden und in den nächsten Jahren wird es wohl keine Lagune mehr geben. Nach einer kleinen Trinkpause klettern Sie eine der Dünen hinauf, was nicht wenig anstrengend ist, um sich von oben einen Überblick über die Lagune zu verschaffen. Dann geht es durch die Dünen zurück nach Walvis Bay.

Wer sich nicht traut, mit seinem Auto durch die Dünen zu fahren, oder keinen Geländewagen hat, kann auch mit dem **Quad** durch die Dünen rauschen. Hierfür fährt man zur Dune 7 an der D1984. **Dune 7 Adventures** bietet verschieden lange geführte Touren mit Guide an. Eine halbe Stunde Fahrvergnügen gibt es für 350 N$, 1,5 Stunden für 550 N$. Auch hier hält der Guide immer wieder an und erzählt interessante Dinge über die Landschaft. Wer die Dünen etwas leichter herunterkommen möchte, kann hier auch ein **Sandboard** leihen und auf diesem, liegend oder stehend, die Dune 7 herunterfahren. Es gibt also viel zu erleben in der Umgebung von Walvis Bay.

NAUKLUFT MOUNTAIN ZEBRA PARK

Sie verlassen Walvis Bay über die C14. Obwohl die Straße durch den Namib Naukluft Nationalpark führt, brauchen Sie kein Permit. Sobald Sie aber die Hauptstraße verlassen wollen, zum Beispiel, um am **Vogelfederberg** Pause zu machen, brauchen Sie aber eins. Vor Ort können Sie, wie die zahlreichen Schilder ausweisen, kein Permit kaufen. Dafür müssen Sie vorher in das Büro des NWR in Swakopmund (Bismarck St., am Wochenende nicht geöffnet).

Die Fahrt geht weiter durch den **Kuiseb Canyon**, in dem sich die deutschen Geologen Henno Martin und Hermann Korn 1935 auf ihrer Flucht vor der Polizei versteckt haben, da sie Angst vor einer Internierung hatten. Mit Permit kann man hier einen Abstecher zu einer ihrer Unterkünfte, dem **Karpfenkliff**, im Canyon machen. Wenn man an ihrem Versteck selbst gestanden hat, scheint das Lesen des Buches noch viel aufregender zu sein!

Folgen Sie der C14 weiter, bis die D854 nach rechts abbiegt. Kurz vorher steht die **Büllsport Lodge**. Diese Farm, die auch Pferde züchtet, bietet Ausritte in die Naukluftberge an und hat nicht nur

Zimmer, sondern auch zwei Campsites im nahe gelegenen Trockenflussbett anzubieten.

Ein Paradies für Wanderer bietet der **Naukluft Mountain Zebra Park**. Einen Platz auf der Campsite sollte man auf der NWR-Seite im Voraus buchen. Tagesgäste sind hier nicht erlaubt, wenn Sie wandern wollen, müssen Sie auch die Nacht hier verbringen. In den Bergen gibt es mehrere Wanderwege. Diese sind keine Spaziergänge, sondern anstrengend. Sie brauchen feste Wanderschuhe, einen Sonnenschutz, auch für den Kopf, und müssen ausreichend Wasser für den Tag mitnehmen. Der **Olive Trail** ist 10 km lang und dauert ca. 4 - 5 Stunden. Er führt zunächst auf ein Hochplateau, von diesem in eine Schlucht und am Ende muss mit Hilfe von Ketten ein kleiner Pool umklettert werden. Der **Waterkloof Trail** ist 17 km lang und nimmt 6 - 7 Stunden in Anspruch. Er führt zunächst durch eine Schlucht und nach etwa 2 km gelangt man, nimmt man an der Gabelung den rechten bzw. unteren Weg, zu den **Tufa Wasserfällen**. Sie bilden mehrere „Rockpools", die bei den heißen Temperaturen zum Schwimmen einladen. Aber Achtung: Da das Wasser direkt aus den Bergen kommt, ist es eiskalt. Nach einer kurzen Erfrischung geht es weiter hinauf zu einem Gipfel, von dem man einen wunderbaren Blick über die Naukluftberge hat. Der Weg führt durch eine weitere Schlucht zurück zum Camp. Beide Trails sind mit Abbildungen von Fußspuren auf Steinen gut markiert und ohne Guide möglich. Man sollte trotzdem darauf achten, die Markierungen nicht aus den Augen zu verlieren und umkehren, wenn man für mehr als 100 m keine Markierung mehr gesehen hat.

SOSSUSVLEI

Der letzte Stopp, bevor es zurück nach Windhoek geht, ist das **Sossusvlei**. „Sossus" heißt in der Sprache der Nama „blinder Fluss". Früher ist der Tsauchab hier entlang ins Meer geflossen, heute versiegt er jedoch an dieser Stelle in der Wüste, da die Dünen den Weg in den Atlantik blockieren. Von den Naukluftbergen gelangt man hierher, indem man zunächst über die D854 Richtung Süden fährt, dann auf die C19 abbiegt und sich an der Kreuzung zur D826 links hält.

Tipp: Eine Unterkunft in der Sesriem Campsite des NWR buchen. Das sollten Sie schon im Voraus machen, da dieses Camp schnell ausgebucht ist. Am einfachsten über das Buchungsformular auf der NWR-Seite (www.nwrnamibia.com/sesriem-booking-form.htm). Auch hier gilt wie für die Camps im Etosha: Das Gate wird schon vor Sonnenaufgang geöffnet, sodass Sie eine der Ersten auf dem Weg ins Sossusvlei sind. Verlassen Sie das Camp direkt nach Gate-Öffnung, fahren bis zur Dune 45, erklimmen diese und schauen der Sonne zu, wie sie hell und kugelrund über der Wüste aufgeht.

Danach geht es weiter ins **Sossusvlei**. Die letzten 6 km dürfen nur mit einem allradgetriebenen Fahrzeug befahren werden, da es keine Straße mehr gibt, sondern man über Sand fahren muss. Vom Parkplatz aus kann man aber auch einen Shuttle nehmen oder, wenn man sportlich sein will, laufen. Letzteres tun aber eher die Wenigsten. Im Sossusvlei angekommen können Sie den Aufstieg zur „**Big Daddy Dune**" in Angriff nehmen. Sie ist mit 325 m die höchste Düne in der Umgebung hier. Der Anstieg dauert, je nach Kondition, etwa eine Stunde und führt über ihren Kamm. Da es auf der Düne sehr windig ist, fühlt es sich gar nicht so heiß an. Trotzdem sollten Sie den Sonnenschutz nicht vergessen, denn die Sonne scheint mit aller Kraft vom Himmel. Oben angekommen hat man einen beeindruckenden Blick über die Dünen, die in der Ferne nahtlos in die Naukluftberge übergehen. Und dann kommt das Beste am Aufstieg auf eine Düne: Der Weg nach unten. Hier gilt: Geradeaus nach unten rennen und möglichst große Sprünge machen. Sie glauben nicht, wie groß Ihre Schritte plötzlich sein können und es fühlt sich ein bisschen an, als würden Sie die Düne herunterfliegen. Unten angekommen erwartet Sie eingetrockneter Schlamm. Das letzte Mal Wasser sammelte sich hier im Jahr 2011 an. Davon zeugen die Schriftzüge und Fußspuren im Boden.

Zurück in Sesriem kann man noch einen Spaziergang durch den **Sesriem Canyon** machen, der sich auch bei großer Hitze anbietet, da es hier sehr schattig und kühl ist.

ZURÜCK NACH WINDHOEK

Von Sesriem aus bieten sich Ihnen zwei Möglichkeiten, um nach Windhoek zurückzufahren.

Die erste führt über **Rehoboth**, wo sich ein Besuch des dortigen **Museums** anbietet. Es zeigt das Leben und die Geschichte der Stadt und der Rehoboth Baster.

Der landschaftlich schönere Weg überquert hinter Solitare den **Spreetshoogte Pass** (1780 m), der mit maximal 23 % Steigung der zweitsteilste des Landes ist. Da die Straßen hier geteert sind, kann diese Strecke mit einem PKW befahren werden. Weiter geht es dann nach Isabis auf der C26, die durch das **Khomas Hochland** nach Windhoek führt. Damit endet eine aufregende Reise durch dieses wunderschöne, naturbelassene, artenreiche Land.

CHRISTINA HUBER

Ein Abschied –
aber nicht für
immer

Wenn Sie sich auch so wie ich in dieses
wunderschöne Land, seine Menschen,
Tiere und Natur verliebt haben, dann
sei Ihnen versichert: Es gibt hier noch viel mehr zu
entdecken.

Der Süden hat mit dem Fish River Canyon und
dem Orange River landschaftlich noch viel zu bieten.
Auch die Stadt Lüderitz mit der Geisterstadt

Kolmanskop, die sich die Wüste genauso zurückholt, wie sie es am Sandwich Harbour tut, sind mit Sicherheit sehr beeindruckend.

Aber auch im hohen Norden im Kakaoland warten noch Abenteuer auf Sie. Hier können Sie die Himba-Nomaden besuchen, stehen an den Popa-Falls, machen eine Rafting-Tour auf dem Kunene oder beobachten Wüstenelefanten von der Purros-Campsite aus.

Die Skelettküste, deren Campsites nur im Dezember, also im namibischen Hochsommer, geöffnet sind, weil es den Rest des Jahres zu kalt ist, verspricht endlose Dünen und unberührte Natur.

Sie sehen: Eine erneute Reise lohnt sich also auf jeden Fall! Meine nächste Reise ist auf jeden Fall schon geplant.

Herstellung und Verlag:

BoD – Books on Demand, Norderstedt

ISBN: 9783752829402

1. Auflage

Kontakt: Psiana eCom UG/ Berumer Str. 44/ 26844 Jemgum

Covergestaltung: Fenna Larsson

Coverfoto: depositphotos.com

FSC
www.fsc.org

MIX

Papier aus ver-
antwortungsvollen
Quellen

Paper from
responsible sources

FSC® C105338